HOLLY FARRELL

KRÄUTER

Haupt
NATUR

HOLLY FARRELL

KRÄUTER

ANBAU, ERNTE UND NUTZUNG
VON ÜBER 70 PFLANZEN

Haupt Verlag

Inhalt

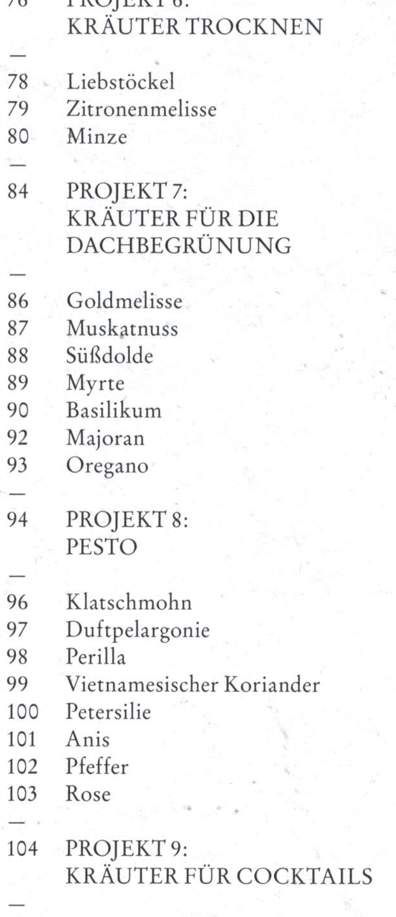

Einführung in den Kräuteranbau

VIELSEITIG UND SCHMACKHAFT

Die Kräuter in diesem Buch verwöhnen uns mit ihren einzigartigen Aromen und Wohlgerüchen. Küchenkräuter sind für jeden Koch eine lebendige Schatzkammer voller Frische und Geschmack, die selbst einfachste Gerichte auf scheinbar magische Weise verwandeln. Kräuter kommen als Samen, Blüten oder Blätter auf den Tisch. Sie schmecken gekocht oder frisch und aromatisieren sowohl Speisen als auch Getränke. Sie peppen den hausgemachten Gin ebenso auf wie die Eiswürfel oder den Cocktailsirup. In Wildpflanzengerichten und selbst in den Küchengärten der besten Restaurants dürfen sie nicht fehlen. Renommierte Küchenchefs haben erkannt, dass selbst angebaute und frisch geerntete Kräuter die beste Garantie für raffinierte, frische Aromen bieten.

Seit der Mensch auf Nahrungssuche ging und mit der Kultivierung von Feldfrüchten begann, spielen frische Kräuter eine wichtige Rolle für unsere Ernährung. Doch nicht nur in kulinarischer Hinsicht gibt es für Kräuter unzählige Verwendungsformen. Sie wurden auch zum Färben von Stoffen, für heilmedizinische Zwecke, zum Desodorieren des Körpers sowie zum Räuchern und Beduften von Wohnräumen und selbst als Zahlungsmittel genutzt. Heute bilden Kräuter die Grundlage zahlreicher (biologisch oder chemisch gewonnener) Arznei- und Heilmittel. Sie kommen in Parfüms und Färbemitteln zum Einsatz. Man findet sie in Blumensträußen. Und im Garten sind sie unschätzbare Futterquellen für Wildtiere. Kurzum: Es gibt für den Menschen kaum eine nützlichere Pflanzengruppe als die der Kräuter.

Aus botanischer Sicht ist ein Kraut eine Pflanze mit eher fleischigen als holzigen Stängeln. Doch das Spektrum all der Pflanzen, die als „Kräuter“ bezeichnet werden, geht weit über die uns bekannten Küchenkräuter hinaus. Viele der in der Antike und im Mittelalter für medizinische Zwecke genutzten Kräuter werden noch heute anhand ihres lateinischen Namens bestimmt. Der Zusatz *officinalis* weist auf die einstige heilkundliche Verwendung einer Art hin.

Kräuter sind allgegenwärtig und in vielen Gärten wachsen solche, deren Verwendung bekannt sind, aber auch manch andere, deren Nutzen viele noch nicht kennen. Dieses Buch möchte mit den wichtigsten Informationen und zahlreichen Anregungen dazu beitragen, die Kräutervielfalt in Ihrem Garten zu vergrößern. Und selbst für all jene, die keinen Garten besitzen, hat das Kultivieren von Kräutern seinen Reiz – inklusive Suchtfaktor. Starten Sie mit einem Grundstock der wichtigsten Küchenkräuter (Basilikum, Thymian, Minze, Rosmarin) und erweitern Sie ihn nach und nach. Seien Sie experimentierfreudig und pflanzen Sie ganz nach Belieben neue Arten an.

KRÄUTER-MUST-HAVES

Jeder Garten – und selbst das Topfpflanzen-Arrangement auf der Fensterbank – bietet Platz für ein oder zwei Kräuter. Dieses Buch beschreibt mehr als siebzig der beliebtesten, meistgeschätzten und am einfachsten zu kultivierenden Kräuter. Treffen Sie die passende Auswahl für Ihren individuellen Bedarf.

Kräuter für den Koch

Nahezu alle Kräuter lassen sich in der Küche verwenden. Entdecken Sie unter unzähligen Geschmacksrichtungen Ihre Lieblingskräuter. Für den Anfang eignen sich besonders: Rosmarin, Thymian, Basilikum, Schnittlauch, Oregano, Estragon, Chili, Fenchel, Minze, Petersilie, Salbei, Sauerampfer, Bohnenkraut, Wegwarte und Bärlauch.

Kräuter bringen Farbe und Form ins Spiel. Hier kontrastiert violetter Salbei mit goldfarbenem Majoran.

Kräuter für den Bäcker
Am vielseitigsten sind Zitronenverbene, Thymian, Rosmarin, Lavendel, Engelwurz, Minze, Fenchel, Safran, Lorbeer, Kardamom, Echter Gewürzstrauch, Süßdolde, Duftpelargonie, Schwarzer Holunder, Rose, Duftveilchen und Ingwer.

Kräuter für Getränke
Ob für den Tee oder ein alkoholisches Getränk – die folgenden Kräuter eignen sich bestens, um daraus ein Getränk zuzubereiten oder es zu aromatisieren. Probieren Sie doch einmal Minze, Zitronenverbene, Thymian, Fenchel, Kamille, Zitronenmelisse, Rose und Schwarzen Holunder (siehe „Kräutertee“, Seite 60–61 und „Kräuter für Cocktails“, Seite 104–105).

Kräuter für Kreative und Floristen
Diese Blüten bildenden Pflanzen lassen sich gut trocknen, halten sich lange im Blumen- oder Kräuterstrauß oder duften angenehm: Schafgarbe, Duftnessel, Zitronenverbene, Dill, Lavendel, Lorbeer, Minze, Rose, Rosmarin und Mutterkraut (siehe „Kräutersträuße“, Seite 54–55 und „Kräuterkränze“, Seite 130–131).

Kräuter für Wildtiere
Bienen, Schmetterlinge und zahlreiche andere wild lebende Tiere im Garten lieben fast alle Kräuter, besonders aber Lavendel, Schnittlauch, Fenchel, Kleinblütige Bergminze, Ringelblume, Minze, Ysop, Oregano, Zitronenmelisse, Rose, Schwarzen Holunder, Duftveilchen, Kapuzinerkresse und Brennnessel.

PFLEGEARME KRÄUTER

Pflanzen zu kultivieren ist eigentlich ganz einfach: Man muss ihnen nur Licht, Wasser, Nährstoffe und genügend Platz zum Wachsen geben. Doch einige Arten sind empfindlicher als andere. Beginnen Sie als Gartenneuling am besten mit robusten, bewährten Pflanzen. Zum Glück sind viele Kräuter zuverlässige und treue Gartengenossen.

Erfolgstipps
Wählen Sie eine Pflanze aus, die sich für die bei Ihnen vorherrschenden Wuchsbedingungen eignet. Achten Sie auch darauf, dass die Pflanze mit dem lokalen Klima zurechtkommt – einige der hier erwähnten Kräuter sind winterhart, andere sind frostempfindlich und für wieder andere müssen das ganze Jahr hindurch warme Bedingungen geschaffen werden. Bei bestimmten tropischen Pflanzen spielen zudem Luftfeuchtigkeit und besondere Lichtverhältnisse eine Rolle.

Bienen lieben Schnittlauchblüten.

Starten Sie mit ein oder zwei Pflanzen und legen Sie Ihren Kräutergarten nach und nach an. Neupflanzungen sollten immer auf einen Erfolg und nicht auf Rückschläge aufgrund allzu ambitionierten Vorgehens folgen.

Kräuter für die Fensterbank
Mögliche Kandidaten sind Thymian, Chili, Basilikum, Minze, Petersilie und Duftpelargonie.

Kräuter für Außenkübel
Geeignet sind Minze, Oregano, Thymian, Rosmarin, Lavendel, Lorbeer, Kapuzinerkresse, Ringelblume, Duftveilchen, Schnittlauch, Zitronenverbene oder Petersilie.

Kräuter für das Freiland
Pflanzen Sie am besten Schnittlauch, Rosmarin, Lavendel, Lorbeer, Oregano, Kapuzinerkresse, Ringelblume, Duftveilchen, Borretsch, Fenchel, Zitronenmelisse, Salbei, Schwarzen Holunder, Brennnessel, Thymian oder Sauerampfer.

GERÄTSCHAFTEN

Für das Anlegen und die Pflege eines Kräutergartens sind nur wenige Dinge erforderlich. Bei geringem Budget können Sie fürs Erste sogar mit ein paar Küchenutensilien improvisieren.

Die Grundausstattung

- kleine Gießkanne mit langer, schmaler Tülle, mit der man Zimmerpflanzen gezielt gießen kann
- große Gießkanne mit Gießbrause für Gartenpflanzen
- Bypass-Schere
- Pflanzschaufel mit langem Stiel
- Grabegabel mit langem Stiel
- Spaten
- Heu- oder Mistgabel
- Rechen

- Kompost – als Topferde und als Mulch für Gartenbeete und Rabatten
- Dünger – Langzeitgranulat, das mit dem Gießwasser verdünnt oder mit Kompost vermischt wird

Nützliche Extras

- Gartenschlauch
- Handsäge
- Bambusstangen oder andere Stützen
- ummantelter Bindedraht/Gartenschnur
- Etiketten oder Pflanzenschilder – zur Kennzeichnung der Saatreihen oder der gepflanzten Kräuterarten
- Anzuchtschalen und kleine Töpfe
- beheizter Anzuchtkasten bzw. Zimmergewächshaus mit Heizmatte – für die Kultivierung von Chilis
- Sprühflasche/Zerstäuber
- Handschuhe

BODEN, STANDORT UND BODENVORBEREITUNG

Damit neue Pflanzen gedeihen, sollten sie an den für sie optimalen Standort gepflanzt werden – an einem Platz, der ihre Bedürfnisse in Bezug auf Bodenbeschaffenheit, Licht, Schutz und Temperatur optimal erfüllt. Das bedeutet jedoch nicht, dass diese Pflanze woanders nicht wächst. Bis zu einem gewissen Grad kann die eine oder andere der genannten Bedingungen etwas großzügiger gehandhabt werden, damit die Pflanze ihren Platz im Garten findet. Weniger winterharten Pflanzen können Sie zusätzlichen Schutz durch ein Winterschutzvlies geben, damit diese auch an einem kälteren Platz überleben.

Für ein gesundes Pflanzenwachstum sind die Beschaffenheit des Gartenbodens und seine Entwässerung besonders wichtig. Der pH-Wert zeigt an, wie sauer oder alkalisch der Boden ist, was ebenfalls Einfluss auf das Wachstum haben kann – in der Regel jedoch nur, wenn dieser extrem erhöht ist (über einem Bereich zwischen 6 und 7,5). Im Großteil der Gärten ist die Bodenart für die meisten Pflanzen geeignet. Entscheidend ist dabei, ob ein Boden vorrangig aus Ton, Lehm oder Sand besteht. Im Allgemeinen neigen Tonböden dazu, mehr Wasser und Nährstoffe zu speichern als durchlässigere, sandige Böden. Bei Trockenheit reißen sie jedoch auf und erwärmen sich im Frühjahr langsamer. Der ideale Boden enthält alle drei Bodenarten zu etwa gleichen Teilen sowie eine großzügige Gabe von organischem Material (Kompost oder gut verrotteter Mist), das für ein gesundes Gleichgewicht im Bodenökosystem sowie für gute Feuchtigkeits- und

Kräuter können sowohl in geometrischen Mustern als auch in Reihen angeordnet werden.

Pflanzen Sie mehrere Kräuter gemeinsam in einen großen Topf.

Nährstoffverhältnisse sorgt. Alle Böden lassen sich durch eine jährliche oder halbjährliche Gabe von organischem Material in Form von Mulch verbessern, welcher im Laufe des Jahres von Würmern und anderen Lebewesen in den Boden eingearbeitet wird.

Welcher Boden und welcher Standort sich für einen Kräutergarten am besten eignen, hängt den Kräutern ab, die Sie pflanzen wollen. Mediterrane Gewürzkräuter wie Rosmarin, Lavendel und Thymian benötigen warme, sonnige Lagen mit durchlässigem Boden, um aromatisches Blattgrün zu bilden. Minze, Beinwell oder Bärlauch hingegen sind Schatten liebend und mögen feuchte Böden. Suchen Sie Kräuter aus, die am besten mit den Gegebenheiten in Ihrem Garten zurechtkommen und pflanzen Sie andere Lieblingspflanzen in Gefäße.

Den Boden vorbereiten

Bevor Sie eine neue Fläche bepflanzen, sollten Sie diese sorgfältig umgraben, um Unkräuter – mitsamt der Wurzeln – und große Steine zu beseitigen. Anschließend verteilen Sie eine dicke Schicht gut verrottetes organisches Material darüber. Dieses wird mit der Grabegabel in den Boden eingearbeitet und mit kleinen Trippelschritten festgestampft (es darf jedoch nicht stark verdichtet werden). Nachdem Sie den Boden glatt und eben geharkt haben, ist er bepflanzbar. Stellen Sie zunächst alle Pflanzen mitsamt Topf an den vorgesehenen Platz und optimieren ggf. die Anordnung. Nun können sie eingepflanzt werden. Zum Schluss werden die Fußspuren glatt geharkt.

HÄRTEZONEN

Bei den Pflanzenprofilen in diesem Buch ist jeweils die Winterhärte angegeben, die besagt, mit welcher Minimaltemperatur die Pflanzen zurechtkommen. Je geringer die Zahl ist, desto kältere Temperaturen hält die Pflanze aus. Neben der Temperatur spielen für das Überleben noch viele weitere Aspekte eine Rolle, z. B. die Wind- und Grundwasserverhältnisse, Bodenart und Niederschlagsmenge. Fragen Sie im Zweifelsfall bei der Gärtnerei oder dem Gartenfachhändler nach, wo Sie die Pflanzen bzw. Samen beziehen.

Zone	Temperatur
1	unter -46 °C
2	-46 bis -40 °C
3	-40 bis -34 °C
4	-34 bis -29 °C
5	-29 bis -23 °C
6	-23 bis -18 °C
7	-18 bis -12 °C
8	-12 bis -7 °C
9	-7 bis -1 °C
10	-1 bis +4 °C
11	über +4 °C
12	+10 bis +15 °C
13	über +15 °C

Holzkisten sind attraktive und nützliche Pflanzgefäße für Kräuter.

MEHRJÄHRIGE KRÄUTER

Mehrjährige Pflanzen treiben jedes Jahr erneut aus. Obwohl Sträucher und Gehölze mit holzigen Stämmen ebenso dazu zählen, bezieht sich der Begriff „mehrjährig" gemeinhin auf ausdauernde krautige (oder nicht verholzende) Stauden sowie einige Halbsträucher. Mehrjährige Kräuter gehören zu den am leichtesten zu kultivierenden Pflanzen: Sie kommen mit einem Minimum an Pflege aus und werden nicht sooft von Schädlingen und Krankheitserregern befallen wie schneller wachsende einjährige Pflanzen mit weichen Stängeln. Sie sind entweder immergrün – und behalten wie das Duftveilchen das ganze Jahr über ihre Blätter oder einen Großteil ihrer Blätter – oder es handelt sich um Stauden, deren Laubblätter und Stängel im Herbst absterben, wobei die Wurzeln überleben und im Frühjahr neu austreiben. Zu den Kräuterstauden gehören Minze, Zitronenmelisse, Liebstöckel, Schnittlauch, Fenchel und Sauerampfer.

Pflanzenkauf

Wer im Gartencenter, in der Gärtnerei oder anderen Gartenfachgeschäften kauft, sollte die Pflanze stets aus dem Topf nehmen, um ihre Wurzelgesundheit zu prüfen. Sie sollte gut verwurzelt sein, der Wurzelballen darf den Topf aber nicht komplett durchwurzelt haben. Kontrollieren Sie zudem, ob das Blattwerk gesund ist. Wenn Sie eine Pflanze während ihrer Wachstumsperiode kaufen, werden Sie schnell feststellen, ob sie gesund ist. Riechen Sie auch an den Blättern, um sich für die beste Kultursorte entscheiden zu können. Im Winter sind die Pflanzen in der Regel kostengünstiger.

Pflanzung

Mehrjährige pflanzt man am besten im Frühjahr oder Herbst, wenn der Boden warm und feucht ist. Bereiten Sie den Boden vor und wässern Sie ihn vor der Bepflanzung gut. Heben Sie ein Pflanzloch aus, das breiter, aber nicht tiefer als der Topf ist, nehmen Sie die Pflanze kopfüber aus dem Topf und setzen Sie sie in das Pflanzloch. Füllen Sie das Loch um den Wurzelballen mit der ausgehobenen Erde wieder auf, achten Sie darauf, dass der Ballen nicht zu locker im Boden sitzt, und gießen Sie gut an.

Pflege

Versehen Sie hochwachsende Pflanzen mit (möglichst natürlichen) Stützhilfen wie gerade gewachsenen Ästen, Staudenstützen und Pflanzenringen – noch bevor sie diese benötigen und befestigen Sie sie ggf. während der

Ein kleines Hochbeet eignet sich bestens zum Aufziehen von Kräutern.

Neu gepflanzte Kräuter müssen gut gegossen werden, bis sie angewachsen sind.

Wachstumsperiode daran. Dem Großteil der mehrjährigen Kräuter tut es gut, nach der Blüte (wenn sie ein wenig vergreisen) zurückgeschnitten zu werden. Sie bilden dann frischen Laubaustrieb. Bei Stauden können Sie die alten Stängel im Herbst (um die Selbstaussaat zu verhindern) oder im späten Winter (um Futter und Schutz für Wildtiere zu bieten) zurückschneiden.

STRÄUCHER UND GEHÖLZE

Wächst ein Kraut als Strauch oder Gehölz, bedeutet das nicht unbedingt, dass es nur in einem großen Garten gezogen werden kann. Manche fühlen sich in einem großen Pflanztrog sehr wohl und finden als Jungpflanze sogar einen Platz auf der Fensterbank. Bergamotte, Rosmarin, Zitronenverbene, Lorbeer, Lavendel und Myrte gehören dazu. Sträucher wie Rosen, Schwarzer Holunder und in wärmeren Klimazonen auch Muskatnuss brauchen dagegen reichlich Platz und müssen direkt ins Erdreich oder in ein großes Hochbeet gepflanzt werden. Kletterpflanzen wie der Schwarze Pfeffer können drinnen untergebracht werden. Viele benötigen in gemäßigten Klimazonen jedoch die zusätzliche Wärme eines Wintergartens, großen Fensters oder Gewächshauses. Dabei sollten Sie sich aber ihre mögliche Wuchshöhe vor Augen halten, bevor Sie sie pflanzen.

Pflanzenkauf

Bestimmte Sträucher und Gehölze bekommt man auch als wurzelnackte Pflanzen. Sie haben keinen Erdballen um die Wurzel und sind nur während der Winterruhe erhältlich. Wurzelnackte Pflanzen sind in der Regel kostengünstiger als Containerware. Daneben werden auch Ballenpflanzen angeboten. Dies sind kürzlich ausgegrabene Pflanzen, deren Wurzeln mitsamt Erde oder Kompost vor dem Verkauf mit einem Ballentuch umwickelt wurden. Containerpflanzen im Plastiktopf sollten Sie wie mehrjährige Pflanzen beim Kauf aus dem Gefäß nehmen, um die Gesundheit ihrer Wurzeln zu überprüfen (siehe „Pflanzenkauf“, Seite 13).

Pflanzung

Sträucher und Gehölze verbleiben lange Zeit an ihrem Platz. Daher ist es sinnvoll, den Standort vor dem Einpflanzen bestmöglich vorzubereiten. Heben Sie eine große Pflanzgrube aus, die 1½-mal bis doppelt so groß ist wie die Oberfläche des Topfes bzw. Ballens oder die Stammanläufe der nackten Wurzeln (der Übergang der Wurzeln in den Stamm). Wenn Sie einen bereits mindestens 1,5 Meter hohen Baum oder eine Kletterpflanze einsetzen, die eine Rankstütze benötigt, schlagen Sie die Stütze oder das Gerüst ein, bevor Sie die Pflanze platzieren. Lockern Sie die Sohle der Pflanzgrube mit der Grabegabel, damit die Erde hier nicht zu verdichtet ist, und entfernen Sie rundherum das Unkraut. Wird die Pflanze in ein Pflanzgefäß gesetzt, geben Sie Gärtnerkompost dazu.

Die Wurzelanläufe der Pflanze sollten bündig mit dem Erdboden bzw. Kompost abschließen. Unterfüllen Sie, falls nötig, damit die Pflanze hoch genug steht. Anschließend das Loch um die Wurzeln herum mit der ausgehobenen Erde wieder auffüllen. Treten Sie die Erde um die Wurzeln gut fest (bei Container-

Kontrollieren Sie die Pflanzen vor dem Kauf. Sie sollten gut, jedoch nicht zu stark durchwurzelt sein.

pflanzen die Erde mit der Hand festdrücken), sodass die Wurzeln guten Bodenkontakt bekommen. Gießen Sie die Pflanze ausgiebig.

Pflege
Halten Sie die neu gepflanzten Gehölze und Sträucher in den ersten Monaten der Anwachsphase gut feucht, bis sie sich an ihren Platz etabliert haben. Danach gießen Sie bedarfsgerecht. Eine jährliche Mulchabdeckung der Baumscheibe mit Kompost (die jedoch nicht den Stamm berührt) sollte als Dünger genügen. In Töpfen kultivierten Exemplaren tut in der Wachstumsperiode Flüssigdünger gut – ebenso das jährliche Umtopfen.

EINJÄHRIGE UND ZWEIJÄHRIGE PFLANZEN

Einjährige Pflanzen keimen in einer einzigen Vegetationsperiode aus Samen, blühen, produzieren neue Samen und sterben ab. Zweijährige Pflanzen benötigen für diesen Prozess zwei Wachstumsperioden. Im ersten Jahr produzieren sie lediglich Laub und im folgenden Frühjahr oder Sommer blühen und sterben sie wieder ab. Basilikum, Dill, Borretsch, Perilla, Sommer-Bohnenkraut und Kapuzinerkresse sind Beispiele für einjährige Kräuter. Zu den zweijährigen Kräutern zählen Petersilie und Kümmel. Es gibt auch einige Mehrjährige wie Chili oder die Wegwarte, die in gemäßigten Klimazonen oder zur optimalen Nutzung der Pflanze als Einjährige gezogen werden.

Einjährige bieten einen unkomplizierten Anfang für die Kräuterzucht. Sie erfordern keine langfristige Investition in Zeit oder Platz und sind im Allgemeinen kostengünstiger. Sie begrünen einen Garten rasch, denn sie sind in der Lage, in kurzer Zeit eine Menge Laub zu produzieren und sind daher gute „Lückenfüller“, bis sich ein größerer Garten mit mehrjährigen Kräutern etabliert hat.

Pflanzenkauf
Einjährige und Zweijährige sind als Saatgut bzw. je nach Pflanze als Jungpflanzen erhältlich. Wenn Sie Saatgut kaufen, sollten Sie auf die Haltbarkeit achten, damit es noch keimfähig ist. Jungpflanzen sollten möglichst gesund sein und keine Anzeichen von Schädlingen oder Krankheiten aufweisen. Kaufen Sie stets gedrungene und stämmige Pflanzen, keine hochgewachsenen, langen oder dürren. Erstere haben als ausgewachsene Pflanzen eine bessere Form und sind gesünder. Kaufen Sie nie junge einjährige Pflanzen, die bereits blühen, denn sie gehen on der Regel ein, bevor sie nennenswerten Ertrag bringen.

Durch regelmäßiges Schneiden der Kräuter für die Küche halten Sie die Sträucher klein.

Lorbeer kann sich zu einem sehr großen Gehölz entwickeln. Sie können ihn aber auch als Bäumchen ziehen.

Große Topfkräuter sind eine Möglichkeit, günstig an einjährige Kräuter kommen. In der Regel handelt es sich dabei um einen Kräutertopf, in den mehrere Pflanzen ausgesät wurden. Wässern Sie die Pflanzen gut und nehmen Sie sie dann aus dem Topf. Teilen Sie den Wurzelballen mit einem Messer oder von Hand in vier oder fünf Jungpflanzenteilstücke und pflanzen Sie diese einzeln wieder ein. Aufgrund des zusätzlichen Platzangebots wachsen sie zu erheblich größeren Pflanzen heran, als ihnen dies im viel zu engen Ursprungstopf möglich gewesen wäre.

Säen

Auf den Samentütchen sind in der Regel umfangreiche Kulturanleitungen angegeben: Halten Sie sich an die empfohlenen Aussaatzeiten, den geforderten Schutz und die genannte Saattiefe. Im Frühjahr ist meist die richtige Zeit zum Aussäen, wenn sich der Boden zu erwärmen beginnt. (Zweijährige werden jedoch meist später in der Wachstumsperiode ausgesät.) Bedecken Sie die Samenkörner in zweifacher Samenstärke mit Erde.

Alternativ können Sie die Kräuter in Töpfen oder Anzuchtschalen auf der Fensterbank oder an einem anderen warmen, sonnigen Platz aussäen, zu Jungpflanzen aufziehen und vor dem Auspflanzen ins Freiland umtopfen. Am einfachsten ist es, eine Anzuchtschale mit Einzelboxen oder selbst gemachte Papiertöpfchen zu verwenden. Befüllen Sie die Boxen oder Töpfchen mit Kompost, geben Sie die Samen hinein und ziehen diese zu bewurzelten Jungpflanzen heran. Die Wurzelballen solcher Jungpflanzen lassen sich aus den Pflanzzellen herausdrücken und problemlos in größere Töpfe oder das Erdreich umsetzen, ohne dass die Wurzeln Schaden nehmen.

Microleaves

Es gibt einjährige Pflanzen (und auch einige mehrjährige), die man aussät, um „Baby- oder Microleaves“ (Mikrogemüse) zu ernten. Dabei handelt es sich um die ersten kleinen, geschmacksintensiven Blätter, die kurze Zeit nach den Keimblättern wachsen und voller Nährstoffe stecken. Bereiten Sie dafür eine flache Anzuchtschale mit Anzuchterde vor und verteilen Sie darüber das Saatgut. Decken Sie es dünn mit Erde ab. Halten Sie die Erde mithilfe einer Gießkanne mit Brause feucht oder besprühen Sie sie sorgfältig mit einer Sprühflasche. Sobald die Sämlinge die gewünschte Größe haben, können die zarten Blättchen geerntet werden. Microleaves lassen sich das ganze Jahr über aus den Samen von Basilikum, Kapuzinerkresse, Bockshornklee, Schnittlauch, Dill, Koriander, Fenchel und Petersilie ziehen.

Pflanzung

Es empfiehlt sich, drinnen gezogene Pflanzen – ob sie nun aus Samen oder als bewurzelte Jungpflanzen vorgezogen wurden – vor dem Auspflanzen „abzuhärten“. Werden die Pflanzen langsam an kältere Bedingungen akklimatisiert, erleiden sie keinen Kälteschock, der sie im Wachstum zurücksetzen würde. Um Pflanzen abzuhärten, stellt man sie in ihren Töpfen

Microleaves sind einfach zu kultivieren und liefern intensive Kräuteraromen auf kleinem Raum.

bzw. Anzuchtschalen ins Freie, sobald keine Frostgefahr mehr besteht, räumt sie aber in den ersten drei oder vier Nächten wieder nach drinnen. Anschließend lässt man die Pflanzen abgedeckt mit Zeitungspapier oder einem Vlies einige Nächte draußen stehen, bevor man sie auspflanzt (und nicht mehr schützt). Zweijährige Pflanzen werden in der Regel im Spätsommer oder Frühherbst ausgepflanzt.

Fassen Sie Jungpflanzen beim Umtopfen am besten an den Blättern oder am Wurzelballen an, aber nie am empfindlichen Stängel. Bricht er, geht die Pflanze ein. Achten Sie darauf, dass die Erdoberfläche um die Pflanze herum bündig mit der Höhe ist, an der die Triebe in die Wurzeln übergehen. Drücken Sie die Erde bzw. den Kompost rundherum fest an, doch um die Basis der Pflanze nicht zu fest, da ansonsten die Wurzeln brechen können.

Pflege

Das Abknipsen der Sprossspitzen fördert bei einjährigen und zweijährigen Pflanzen einen buschigeren Wuchs mit größerer Laub- und Blütenfülle für die Ernte. Beginnen Sie mit dem Entspitzen bereits bei den jungen Sämlingen, sobald diese einige Blattpaare angesetzt haben, und bleiben Sie während des gesamten Wachstums am Ball. Mit dem Ausbrechen knospiger Blüten kann die Erntezeit bei Blattpflanzen um einige Wochen verlängert werden (die Blätter von Basilikum etwa werden nach der Blüte zäher). Entsorgen Sie abgestorbene Pflanzen am Ende der Wachstumsperiode.

IM ERDREICH KULTIVIERTE KRÄUTER

Der Großteil der Kräuter gedeiht besser und liefert die besten Ernten, wenn sie im Erdreich und nicht im Topf wachsen. Ihre Wurzeln haben mehr Platz und die Temperatur- sowie Feuchtigkeitsschwankungen sind geringer. Eine Ausnahme macht Basilikum, das die Wärme des Fensterbretts vorzieht. Gedeiht es in einem gemäßigteren Sommer auch draußen gut, so bringt es unter kühleren Bedingungen dickere und zähere Blätter hervor. Das auf der Fensterbank gezogene Basilikum liefert die zarten, hauchdünnen Blätter, die Pizza und Salat so köstlich machen.

IM BLUMENBEET KULTIVIERTE KRÄUTER

Kräuterpflanzen sind in puncto Gestalt, Blüte und Form so unterschiedlich, dass sie sich in Gärten aller Art integrieren. Fenchel und Engelwurz machen sich ausgezeichnet in der Staudenrabatte, bringen Höhenstruktur in

Pflanzen wie Beinwell können sich im Garten selbst aussäen.

Blumenkästen und Töpfe sind ideal für einjährige und zweijährige Kräuter.

den Garten und beeindrucken durch anmutige Samenstände. Lavendel, Goldmelisse, Ysop, Liebstöckel, Süßdolde und Oregano erfüllen die Rabatte mit Farbe und Blattgrün. Bestimmte Kräuter – wie etwa die violetten Formen des Holunders oder der Echte Gewürzstrauch – werden wegen ihres dekorativen Aussehens immer wieder als gute Gartenpflanzen angepriesen. Pflanzen Sie einfach Kräuter anstelle von einjährigen Sommerblumen – Perilla, Basilikum, Borretsch, Ringelblume sowie Dill sorgen saisonal für Farbe und Blattwerk und können darüber hinaus auch noch beerntet werden.

KRÄUTER IM GEMÜSEBEET

Wenn Sie Ihren Gemüsegarten mit Kräutern bereichern wollen, pflanzen Sie einjährige sowie mehrjährige Kräuter und Gemüse am besten jeweils separat in Gruppen an, damit die Wurzeln der mehrjährigen Pflanzen nicht leiden, wenn die Einjährigen am Ende der Saison entfernt werden, um im Frühjahr neue zu pflanzen. Kräuter können für den Gemüsegarten von Nutzen sein, da sie bestäubende Insekten und natürliche Fressfeinde von Gartenschädlingen wie Marienkäfer und Schwebfliegen anziehen, deren Larven sich an Blattläusen gütlich tun. Im Verbund mit Gemüse gepflanzte Kräuter eignen sich sehr gut als Begleitpflanzen: So überdeckt Basilikum z. B. den Duft von Möhren, sodass die Möhrenfliege sie nicht entdeckt. Kräuter können im Küchengarten für ertragreiche Beeteinfassungen sorgen (siehe rechts, „Einfassungen und Wege“). Und schließlich ist es für jeden, der am Herd steht und im Regen hinauslaufen muss, um noch schnell ein paar Zutaten aus dem Garten zu pflücken, von Vorteil, wenn Kräuter und Gemüse an einem Ort stehen.

Kräuter und Gemüse harmonieren bestens als Begleitpflanzen.

EIN KRÄUTERBEET

In einem Kräuterbeet lassen sich verschiedenste Kräuter auf kleinem Raum kultivieren. Setzen Sie höhere Pflanzen nach hinten oder (bei Beeten, die von allen Seiten zugänglich sind) in die Beetmitte und stufen Sie dann die verschiedenen Höhen so ab, dass die niedrigsten Pflanzen vorne oder am Beetrand stehen. Kräuterbeete können auch nach Themen angelegt werden – wie „Küchenkräuter“ oder „Kräuter für Blumensträuße“ – oder einfach aus Ihren Lieblingskräutern zusammengestellt sein.

EIN FORMALER KRÄUTERGARTEN

Oft kommen Kräuter am besten in einem formalen Kräutergarten zur Geltung. Innerhalb des geometrischen Musters ergeben sich durch die unterschiedlichen Kräuterarten leicht bis stark geschwungene Linien. Formale Kräutergärten können sowohl vom Elisabethanischen Knotengarten als auch von den Parterres der Küchengärten großer Paläste und Häuser des 17. bis 19. Jahrhunderts inspiriert sein oder als schmales Beet, in dem in abgestufter Höhe Reihen gleicher Pflanzenarten platziert wurden, ganz modern daherkommen. Formale Kräutergärten wirken oft am besten mit sich wiederholenden oder geometrischen Mustern, einem zentralen Element (etwa einer ornamental zugeschnittenen Pflanze oder einer kleinen Statue) oder, indem man viele Kräuter von einer Sorte pflanzt, wodurch das Design

Harmonie ausstrahlt. Formale Kräutergärten können auch auf kleinem Raum (z. B. in einem Vorgarten) wundervoll aussehen. Für Einfassungen und sich wiederholende Muster sind allerdings viele Kräuter derselben Sorte erforderlich, weshalb sie nicht gerade mit geringem Raumbedarf punkten können, sofern eine vielfältige Kräuterernte erzielt werden soll.

EINFASSUNGEN UND WEGE

Gestalten Sie formal angelegte, kompakte Beeteinfassungen für einen Küchengarten oder einen formalen Kräutergarten aus Sorten, die sich leicht trimmen lassen, dazu zählen z. B. Lavendel, Rosmarin, Thymian und Myrte. Weniger regelmäßige Hecken und Einfassungen lassen sich aus Schnittlauch, Rose, Petersilie, Ringelblume und Pimpinelle gestalten.

Kriechende und niedrig wachsende Kräuter wie Kriechthymian und Kamille können zu einem hübschen duftenden Weg wachsen, wenn man sie am Rand (oder anstelle von Pflastersteinen sporadisch entlang eines Weges) pflanzt und sich zur Mitte hin ausbreiten lässt. Um die Fläche begehbar zu halten, schneiden Sie die Pflanzen so weit wie nötig zurück und halten zwischen den Pflanzen einen geschwungenen Weg frei.

DEN RICHTIGEN PLATZ FINDEN

Bei der Auswahl der Kräuterpflanzen für einen Garten sollten möglichst alle Nutzer berücksichtigt werden. Bedenken Sie, dass Kinder und Haustiere mit für sie gesundheitsschädlichen Pflanzen in Berührung kommen oder diese zu sich nehmen könnten und dass bei stacheligen Pflanzen die Verletzungsgefahr erhöht ist. Besonders Küchenkräuter sollten unbedingt in großem Abstand zu möglichen Schadstoff- und Verschmutzungsquellen wie Straßenrändern oder mit Agrochemikalien gespritzten Feldern gepflanzt werden.

INVASIVE KRÄUTER

Es gibt Kräuter, die zwar eine unschätzbare Ergänzung im Garten sind, sich jedoch sehr zügig breit machen oder schwer auszurotten sind, wenn man sie einmal gepflanzt hat. Sie sind ideale Kandidaten für die Topfkultur: Die Minze ist das bekannteste Beispiel. Geben Sie Minze-Pflanzen den größtmöglichen Topf und sorgen Sie dafür, dass die Erde feucht bleibt. Sobald die Ausläufer (oberirdische Wurzeln) über den Topfrand hinauswachsen, schneiden Sie sie einfach rundherum ab. Auf diese Weise lassen sich invasive Kräuter im Beet kultivieren. Der Topfrand (vorzugsweise aus Kunst-

Bei geringem Platzangebot können Sie Kräuter auch in vertikalen Pflanzgefäßen ziehen.

Duftveilchen entwickeln sich gerne zu größeren Horsten unter Bäumen, wo sie das Unkraut unterdrücken.

stoff) sollte aus dem Erdboden herausragen, damit die Ausläufer einfach entfernt werden können.

Invasive Kräuter, deren Wurzeln geerntet werden können (wie bei Meerrettich und Löwenzahn), lassen sich ebenso in Töpfen ziehen. Diese müssen jedoch sehr tief sein und erhöht auf „Füße“ gestellt werden, um regelmäßig kontrollieren zu können, ob Wurzeln aus dem Bodenloch in den Untergrund einwachsen.

KRÄUTER IN PFLANZGEFÄSSEN

Die Kultivierung in Töpfen bietet selbst in einem großen Garten viele weitere Vorteile: Darin lassen sich verschiedene Sorten getrennt kultivieren, um z. B. invasive Pflanzen wie die Minze unter Kontrolle halten. Empfindliche Kräuter können vor dem Winter problemlos nach drinnen geholt und im Frühjahr zum Abhärten wieder nach draußen gebracht werden. Tropische Kräuter lassen sich drinnen ziehen und Einjährige pflanzen, ohne die Mehrjährigen in den Rabatten zu stören. Die Pflanzgefäße können Sie in Sitzplatznähe platzieren, um ihren Duft zu genießen, oder sie zu dekorativen Zwecken nutzen, indem Sie beispielsweise rechts und links des Eingangs jeweils ein in Form geschnittenes Lorbeerbäumchen stellen.

Ist es heiß und windig, verdunstet das Wasser bei eng zusammengestellten Töpfen nicht so schnell und das Windbruchrisiko ist geringer.

Zu den Kräutern, die sich gut für Gefäße im Außenbereich eignen, zählen Basilikum, Lorbeer, Zitronenverbene, Minze, Lavendel, Rosmarin, Meerrettich, Chili, Koriander, Safran, Zitronengras, Oregano, Majoran, Petersilie, Duftpelargonie, Thymian, Löwenzahn und Kapuzinerkresse.

Die Auswahl des Pflanzgefäßes

In der Regel empfiehlt es sich, der Pflanze das größtmögliche Gefäß zu gönnen, damit ihre Wurzeln maximalen Platz haben. Eine Jungpflanze geht in einem Kübel jedoch unter und sollte zunächst in einen kleinen Topf gesetzt werden. Danach topft man sie über drei bis vier Jahre hinweg jährlich in ein etwas größeres Pflanzgefäß um, bis sie groß genug ist, um in ihren endgültigen Topf umzuziehen.

Alle Pflanzgefäße sollten ein Dränageloch haben und idealerweise auf „Füßen“ stehen, damit das Wasser ablaufen kann. Bei Terrakotta- und Holzgefäßen verdunstet das Wasser schneller als bei Kunststoff- und Metallgefäßen und in heißen Sommern werden die Wurzeln in einem Metallgefäß überhitzt (wenn es in direkter Sonne steht).

Kompost und Pflanzung

Die meisten Kräuter gedeihen in torffreiem Gärtner-Kompost. Falls Ihre Pflanzen durchlässigen Boden lieben, mischen Sie etwas Sand unter den Kompost. Ein Pflanzgefäß wird auf die gleiche Weise vorbereitet wie eine Pflanzung im Erdreich (siehe „Pflanzung“, Seite 14). Wer mehrere Pflanzen in ein und denselben Topf setzt – etwa wenn man ein Lorbeerbäumchen mit einem Kamilleteppich unterpflanzt oder mehrere Einjährige in einen Topf setzt –, sollte jedoch berücksichtigen, wie hoch und wie breit die Pflanzen werden. Je mehr Pflanzen in einem Topf wachsen, desto ausgiebiger muss man sie gießen und desto mehr Nährstoffe benötigen sie.

KRÄUTER DRINNEN KULTIVIEREN

Gut dafür geeignet sind Chili, Zitronengras, Duftpelargonie, Kurkuma, Ingwer, Pfeffer und Zitronenverbene.

Ob Sie in Pflanzgefäßen drinnen oder draußen kultivieren, beachten Sie stets die folgenden Punkte: Geben Sie der Pflanze reichlich Platz, wässern und düngen Sie bedarfsgerecht. Stehen die Töpfe drinnen, sollten Sie die Lichtverhältnisse des Standorts berücksichtigen (eventuell müssen die Töpfe regelmäßig gedreht werden, damit sich die Pflanzen nicht dem Licht zuneigen) und überprüfen, ob der Raum für die gewünschten Pflanzen warm genug ist. Kontrollieren Sie die Kräuter regelmäßig auf Schädlings- und Krankheitsbefall und topfen Sie sie jährlich um.

Einige mehrjährige Kräuterstauden kann man nach drinnen holen, damit sie im Winter weiterwachsen. Dafür teilen Sie im Spätsommer z. B. von Minze oder Schnittlauch einfach ein Stück der Mutterpflanze ab – achten Sie dabei auf ein gutes Wurzel-Trieb-Verhältnis – und topfen es in frischen Kompost um. Den Topf stellen Sie auf eine sonnige, warme Fensterbank. Auf diese Weise behalten drinnen überwinterte Pflanzen ihr Laub, während die Mutterpflanze draußen für dieses Jahr abstirbt.

Versorgung von Topfkräutern

Den im Kompost enthaltenen Dünger braucht die Pflanze meist innerhalb von einem halben Jahr auf. Daher müssen die Pflanzen während der Wachstumsperiode in anderer Form mit Nährstoffen versorgt werden. Hier bietet es sich an, Langzeitdünger-Granulat in den Oberflächenkompost einzuarbeiten oder Dünger in flüssiger Form zu geben. In beiden Fällen sollten Sie sich an die Dosierungsangaben des Herstellers auf der Verpackung halten, da Überdüngung Gift für die Pflanzen ist.

Nehmen Sie die Pflanzen jedes Jahr aus ihren Töpfen, bröseln Sie möglichst viel alte Erde von den Ballen ab und pflanzen Sie die Kräuter um in frische Anzuchterde. Die Kräuter werden es Ihnen danken.

Setzen Sie Kräuter wie in diesem Gemüsegarten zwischen andere Pflanzen …

… oder ziehen Sie die Pflanzen in Gruppen als pflegeleichte, formale Einfassung.

Pflanzen

—

Schafgarbe

Achillea ageratum, auch bekannt als Süße Schafgarbe, Leberbalsam-Schafgarbe oder Muskatgarbe

Achilles gab dieser Gattung seinen Namen, nachdem er seine Kriegsverletzungen mit Schafgarbe behandelt hatte. Das medizinische Anwendungsspektrum der Gemeinen Schafgarbe (A. *millefolium*) ist vielfältig. Die attraktive Staude für die Rabatte gilt mittlerweile als aromatische Ergänzung vieler anderer Küchenkräuter. Ihre Blüten sind bei Bestäuberinsekten sehr beliebt.

Familie: Asteraceae

Wuchshöhe: 30–45 cm

Wuchsbreite: 30 cm

Härtezone: 3

VERWENDUNG

Streuen Sie gehackte Schafgarbenblätter auf Kartoffeln und Reis, oder geben Sie sie zu Pastagerichten. In Verbindung mit anderen Kräutern würzen die Blätter der Schafgarbe auch Geflügel- und Fischgerichte, Suppen und Eintöpfe.

KULTIVIERUNG

An einen offenen, sonnigen Standort pflanzen und die hochwachsenden Stängel an windexponierten Stellen stützen. Schafgarbe toleriert die meisten Böden, bevorzugt jedoch einen Standort mit durchlässigem Boden. Nach der Blüte zur Anregung eines Neuaustriebs bodentief zurückschneiden und erneut im späten Winter, um abgeblühte Samenstände zu entfernen.

ERNTE

Die Blätter nach Bedarf pflücken. Frische Blätter kann man einzeln auf einem Blech einfrieren. Stängel samt Blatt und Blüte können abgeschnitten und kopfüber zum Trocknen aufgehängt werden.

ALS STRAUSS ODER GETROCKNET

Schafgarbe ist dank ihres zarten dekorativen Blattgrüns ideal für die Vase. Alternativ kann man sie abschneiden und als Wintervorrat getrocknet Tee daraus brühen.

Jambú

Acmella oleracea, auch bekannt als Zahnwehpflanze oder Prickelknopf

Diese einjährige Pflanze wird meist als Kuriosität (zur Überraschung von Besuchern) in den Garten aufgenommen. Beißt man auf einen Blütenkopf, so breitet sich im Mund plötzlich ein betäubendes Prickeln aus, was erklärt, warum diese Pflanze als „Prickelknopf" oder „Zahnwehpflanze" bezeichnet wird. Spilanthol, ein auch als Insektizid zum Einsatz kommender chemischer Bestandteil der Pflanze, erzeugt dieses betäubende Gefühl.

Familie: Asteraceae

Wuchshöhe: 40–70 cm

Wuchsbreite: 40–70 cm

Härtezone: 9–11

VERWENDUNG

Die frischen Blätter und Blütenköpfe sind essbar. Da derzeit jedoch nicht ausreichend gesicherte Daten zu den empfohlenen Verzehrmengen dieser Pflanze vorliegen, sollte sie lediglich aus Neugier einmal probiert, statt als Speisezutat verwendet werden.

KULTIVIERUNG

Jambú liebt die volle Sonne und durchlässigen Boden – ob im Erdreich oder in einem großen Kübel – vorzugsweise in einem Gewächshaus. Die abgeblühte Pflanze im Herbst entfernen und im Frühjahr neu aussäen.

ERNTE

Blätter und Blüten nach Bedarf frisch pflücken.

BESSER ALS BOTOX?

Das enthaltene Spilanthol wurde als sicherere Alternative zu Botox getestet. Auf die Haut aufgetragen soll es Mimikfalten mildern. In einer klinischen Studie stellten 75 Prozent der Probanden bereits einen Tag nach der ersten Anwendung einen glättenden Effekt fest.

Duftnessel

Agastache foeniculum, auch bekannt als Anis-Ysop

Hohe, über mehrere Wochen blühende, blassviolette Blütenkerzen machen die Duftnessel zu einer attraktiven Gartenpflanze für Bienen, Schmetterlinge und Gärtner gleichermaßen. Tatsächlich hat ausschließlich aus Duftnesselnektar gewonnener Honig einen leichten Anisgeschmack.

Familie: Lamiaceae

Wuchshöhe: 45–60 cm

Wuchsbreite: 30 cm

Härtezone: 6

VERWENDUNG

Die Blätter der Duftnessel lassen sich frisch im Salat oder als süßen, aromatischen Tee zubereiten. Die Blüten verfeinern Salate, Fruchtspeisen und Getränke.

KULTIVIERUNG

Gedeiht in nährstoffreichem, feuchtem Boden (wobei die Duftnessel hinsichtlich des Standorts anspruchsloser ist als andere *Agastache*-Arten) und voller Sonne. In Gegenden, in denen es unter –5 °C kalt werden kann, mit Vlies oder einer Mulchschicht abdecken oder in einem großen Pflanzkübel ziehen, den Sie zum Schutz in ein unbeheiztes Gewächshaus stellen. Verblühte Blütenkerzen im späten Frühjahr zurückschneiden. Die Pflanzen können schnell vergreisen und werden am besten durch Teilung oder Stecklinge vermehrt.

ERNTE

Blätter nach Bedarf verwenden oder frische Blätter einzeln auf einem Blech einfrieren. Die Blütenstiele können abgeschnitten und kopfüber zum Trocknen aufgehängt werden.

HUSTENARZNEI

Duftnesselblätter gelten bei einigen Indianerstämmen als traditionelles Mittel gegen Bronchialbeschwerden. Darüber hinaus nutzen sie die Duftnessel auch in der Küche.

Schnittlauch

Allium schoenoprasum

Familie: Alliaceae

Wuchshöhe: 10–60 cm

Wuchsbreite: 30 cm

Härtezone: 5

Er gehört zu den Must-have-Pflanzen in vielen Kräutergärten und bringt durch seine grasartige Form eine andere Textur sowie einen frischgrünen Look ins Beet. Schnittlauch gedeiht aber ebenso gut im Topf. Pflanzen Sie *A. schoenoprasum* 'Wallington White' oder 'Corsican White', wenn Sie eine weiß blühende Sorte vorziehen.

VERWENDUNG

Schnittlauchhalme treiben im zeitigen Frühjahr frisch aus und sind eine Gaumenfreude zu Kartoffeln, Käse und Eiern. Aber auch die Blüten sind essbar. Sie haben ein zartes Zwiebelaroma.

KULTIVIERUNG

Schnittlauch gedeiht im Halbschatten und auf feuchterem Boden, als viele andere Kräuter tolerieren, wächst aber auch gut in sonnigen, trockenen Lagen. Nach der Blüte zur Verhinderung der Selbstaussaat und zur Bildung eines jungen Laubaustriebs bodentief zurückschneiden (ungeschnittenes altes Laub kann holzig werden). Im Herbst wird er erneut zurückgeschnitten, sobald die Halme absterben. Zur Verlängerung der Erntezeit überwintert man in Töpfe gepflanzte Ballenteilstücke drinnen. Große Tuffs werden im Frühjahr geteilt.

ERNTE

Halme und Blüten nach Bedarf klein schneiden.

KULTURPFLANZEN MIT TRADITION

Zwiebeln wurden bereits 3000 v. Chr. konsumiert. Und Knoblauch fand man im Grab des Tutanchamun.

DIE ALLIUM-FAMILIE

Sie umfasst rund 700 Arten und gehört zu den am längsten kultivierten Pflanzen. Neben Kultursorten wie Zwiebeln, Schalotten, Knoblauch, Lauch und Schnittlauch gibt es zahlreiche Zierlauch-Arten wie *A. cristophii* mit seinen großen Sternkugel-Blüten und dekorativen Samenständen.

Ein vertikaler Kräutergarten

Vertikale Gärten sorgen selbst auf kleinstem Raum in Haus und Garten für wundervolles Grün und aromatischen Duft. Sie sind ideal für Zäune sowie sonnenbeschienene Wände oder Mauern und können vom aufgehängten Kräutertopf bis hin zur Gestaltung einer gesamten Wand oder Umzäunung reichen. In den meisten Privatgärten ist bereits alles vorhanden, um aus einzelnen Töpfen an der Wand einen vertikalen Kräutergarten zu gestalten. Alternativ tun auch Pflanztaschen gute Dienste. Und selbst Regenrinnen, Paletten u. v. m. sind dafür geeignet.

Die Art des Pflanzgefäßes ist für die optimale Auswahl der Kräuter entscheidend. Je weniger Platz ihre Wurzeln zur Verfügung haben, desto trockenheitsresistenter müssen sie sein. Kleine buschige Pflanzen wie Thymian (siehe Seite 124) und Kamille (siehe Seite 52) sind für Pflanztaschen ideal (siehe gegenüber), während sich für größere Hängepflanzen oder hochwachsende Pflanzen Töpfe besser eignen. Einjährige wie Ringelblumen (siehe Seite 45), Chili (siehe Seite 47), Basilikum (siehe Seite 90) und Kapuzinerkresse (siehe Seite 129) gedeihen in allen Töpfen gut und Mehrjährige wie Minze (siehe Seite 80), Zitronenmelisse (siehe Seite 79) sowie Zitronengras (siehe Seite 64) eignen sich als Jungpflanzen gut, sollten aber mit zunehmendem Alter und Wuchs ersetzt oder geteilt werden.

Beim Anlegen Ihres vertikalen Kräutergartens sollten Sie die relativen Wuchshöhen der Pflanzen sowie ihren Habitus (Sind sie buschig oder hängend?) berücksichtigen und sie dementsprechend pflanzen. So ist es z. B. bei Pflanztaschensystemen ideal, wenn mehrere buschige Pflanzen zu einer kompletten „grünen Wand" zusammenwachsen. Denken Sie dabei auch an den letzten Schliff – ein alter Bilderrahmen, der die Pflanzen einrahmt, kann sehr wirkungsvoll sein und mit Tafelfarbe angestrichene Holzscheiben können als Pflanzenschilder dienen.

Regelmäßiges Pflücken für den Verzehr hält die Wuchshöhe des Kräutergartens in Form. Prüfen Sie regelmäßig, ob die Erde noch feucht ist. Gießen Sie jedoch sehr vorsichtig, damit Wasser und Erde nicht überlaufen oder herausfallen und Wand sowie Boden schmutzig machen: Warten Sie stets ab, bis der vorherige Schluck Wasser eingesickert ist, bevor Sie weitergießen. Alternativ können Sie bei großflächigen Pflanzwänden eine Tropfbewässerung installieren. Eine kleine, über Frühjahr und Sommer einmal pro Monat gegebene Dosis Flüssigdünger hält die Pflanzen gesund.

1. Sobald Sie die Pflanztasche an Wand oder Zaun befestigt haben, können Sie Anzuchterde in die Taschen geben.
2. Setzen Sie die Pflanzen – hier verschiedene Thymianarten und Kamille – so in die Pflanztaschen, dass die Wurzelballenoberkanten nicht über den Rand hinausragen.
3. Füllen Sie jede Pflanztasche fest mit Erde auf, um den Wurzelballen zu fixieren.
4. Sehr vorsichtig und langsam gießen, damit weder Gießwasser noch Erde über den Taschenrand gelangen.

Schnittknoblauch

Allium tuberosum, auch bekannt als Knoblauch-Schnittlauch oder Chinesischer Schnittlauch

Schnittknoblauch lässt sich aufgrund seiner langen, dünnen und flachen Blätter leicht vom gewöhnlichen Schnittlauch (*A. schoenoprasum*) unterscheiden. Seine weißen Blüten erscheinen später im Sommer als die des gewöhnlichen Schnittlauchs und verlängern so die dekorative Blütezeit im Kräutergarten.

Familie: Alliaceae

Wuchshöhe: 50 cm

Wuchsbreite: 40 cm

Härtezone: 6

VERWENDUNG

Geben Sie die Blätter, Blütenknospen und auch Blüten an Salat, Käsegerichte, Suppen und Pfannengerührtes, doch verkochen Sie sie nicht. Die Samen können Sie zu Sprossen keimen lassen oder unreif bis reif ernten und zu Öl pressen.

KULTIVIERUNG

Schnittknoblauch gedeiht im Halbschatten und auf feuchterem Boden, als viele andere Kräuter tolerieren, wächst aber auch gut an einem sonnigen, trockenen Platz. Bodentief zurückschneiden, nachdem das Laub im Herbst abgestorben ist. In Töpfe gepflanzte Ballenteilstücke können drinnen überwintern, um die Erntezeit zu verlängern. Große Tuffs werden im Frühjahr geteilt.

ERNTE

Frische Blätter und Blüten nach Bedarf schneiden. Die Samen entweder unreif ernten oder um die reifen Samenstände eine Papiertüte binden (siehe „Samen und Fenchelpollen ernten“, Seite 68).

MILD AROMATISCH

Dieser späte Schnittlauch entfaltet in Salaten, Omelettes, Frischkäse und auf belegten Broten seinen milden Knoblauchgeschmack.

Bärlauch

Allium ursinum, auch bekannt als Waldknoblauch oder Hexenzwiebel

Bärlauch kann man leicht an einer schattigen, feuchten Stelle im Garten anbauen. Er gedeiht auch dort, wo nicht viel anderes wächst, kann jedoch invasiv werden, falls Sie ihn unkontrolliert wachsen lassen.

Familie: Alliaceae
Wuchshöhe: 40 cm
Wuchsbreite: 30 cm
Härtezone: 5

VERWENDUNG

Die ganzen Blätter, gekocht oder frisch, verleihen Eierspeisen, Geflügel-, Reis- und Nudelgerichten ein köstliches Aroma. Besonders aromatisch schmeckt Bärlauch-Pesto (siehe „Pesto“, Seite 94).

KULTIVIERUNG

Als Zwiebeln ins Freiland setzen oder in lichtem Schatten und nährstoffreichem, feuchtem Boden aussäen. Abgestorbenes Laub im Frühsommer zurückschneiden und die Samenstände entfernen, um einer großflächigen Ausbreitung vorzubeugen. (Die Zwiebeln vermehren sich auch unterirdisch, jedoch langsamer und beschränkt auf die Wuchsfläche.)

ERNTE

Blätter nach Bedarf pflücken und stets etwas Laub an den Pflanzen belassen, damit sie weiterwachsen können.

FRÜHLINGSBOTE
Liegt im Frühjahr im Wald ein intensiver Knoblauchduft in der Luft, weiß man sofort, dass hier irgendwo Bärlauch wächst.

Zitronenverbene

Aloysia citriodora

Zitronenverbene ist das ultimative Zitronenduftkraut. Man braucht die etwas rauen, lanzettförmigen Blätter nur zwischen den Fingern zu reiben, und schon verströmen sie ihren feinen frischen Duft. Die zarten weißen Blüten machen die Pflanze zu einem attraktiven Vertreter für Kübel oder Rabatten.

Familie: Verbenaceae

Wuchshöhe: 2,5 m

Wuchsbreite: 2,5 m

Härtezone: 8

VERWENDUNG

Die Blätter genießen Sie am besten frisch aufgebrüht als Tee, statt sie zu verzehren. Alternativ können Sie mit ihnen auch Zuckersirup aromatisieren und diesen für Desserts, Backwaren und Cocktails verwenden.

KULTIVIERUNG

Gedeiht in warmen, sonnigen Lagen mit durchlässigem Boden. Kann dort auch überwintern (ist laubabwerfend). In kälteren Regionen empfiehlt es sich, die Zitronenverbene im Topf zu kultivieren: Stellen Sie sie im Sommer an einen sonnigen Platz und im Winter ins Gewächshaus. Im Frühjahr bis auf einige starke, etwa 30 Zentimeter lange Äste zurückschneiden. Regelmäßiges Pflücken fördert frische Triebe und hält den Strauch in Form. Pflanzen, die unter dem Jahr nie nach draußen kommen, sind anfällig für (Gewächshaus-)Schädlinge.

ERNTE

Frische Blätter nach Bedarf pflücken. Auch trockene Blätter können zur Teezubereitung geerntet werden.

KRÄUTERSIRUP

Aromatischer Kräutersirup ist mehrere Wochen haltbar und kann für Getränke, Backwaren und Desserts verwendet werden. Vermischen Sie einfach in einem Topf Kristall- oder Streuzucker und Wasser zu gleichen Teilen (z. B. 100 Milliliter Wasser auf 100 Gramm Zucker) bei schwacher Hitze, bis sich der Zucker aufgelöst hat. Leicht köcheln lassen. Den Topf vom Herd nehmen und frische Kräuter oder Blüten hineingeben und umrühren. Einen Deckel auflegen und den Sirup mindestens eine Stunde durchziehen lassen. Abseihen, in Flaschen abfüllen und im Kühlschrank aufbewahren. Je mehr Kräuter Sie verwenden, desto intensiver wird der Sirup. Eine Handvoll ist für etwa 200 Gramm Zucker ausreichend, doch die Menge der Kräuter hängt natürlich von der Intensität ihres Aromas ab.

EINJÄHRIGE PFLANZE

Dill

Anethum graveolens

Familie: Apiaceae

Wuchshöhe: 90 cm

Wuchsbreite: 20 cm

Härtezone: 8

Dill ist ein Gewürz- und Heilkraut mit langer Tradition. Es wurde in vielen alten und modernen Kulturen zur Behandlung unterschiedlichster Beschwerden und Probleme eingesetzt.

VERWENDUNG

Die Blätter können gehackt und in kleinen Mengen an Eier-, Kartoffel- und Fischgerichte gegeben oder zum geschmacklichen Abrunden von Mayonnaise sowie zum Würzen eingelegter Gurken verwendet werden. Die sonnengelben Blüten sind eine dekorative Ergänzung im Blumenstrauß und die Samen können für medizinische Zwecke mit kochendem Wasser übergossen werden.

KULTIVIERUNG

Dill lässt sich am einfachsten aus Samen ziehen. Pflanzen Sie ihn an einem sonnigen Standort in lockeren, durchlässigen Boden für eine rasche Blüte und Samenproduktion oder zögern Sie die Blüte für eine kurze Zeit hinaus, indem Sie ihn in lichten Schatten setzen. Nachsaaten sorgen für reichlich Laub im Frühjahr und Sommer. Abgestorbene Dillpflanzen im Herbst entfernen. Die Pflanzen in Gruppen setzen und mit Reisern stützen oder Einzelpflanzen an eine Stütze binden.

ERNTE

Die frischen Blätter und Blüten nach Bedarf über das Frühjahr und den Sommer hindurch schneiden. Samen können im Sommer geerntet werden (siehe Seite 68).

FILIGRAN & LUFTIG

Halten Sie in Staudenrabatten einmal Ausschau nach Dill – seine filigranen Blätter ragen über zahlreiche Kräuter hinaus. Dill wird wegen seiner luftigen Lichtdurchlässigkeit und der attraktiven Blütendolden geschätzt.

Engelwurz

Angelica archangelica, auch bekannt als Erzengelwurz, Heiligengeistwurz oder Heiligenbitter

Dem weltweit geschätzten Heilmittel und seinen verwandten Arten werden seit alters Verbindungen zu den himmlischen Mächten zugesprochen. Im Mittelalter glaubte man sogar, die Pflanze könne das Böse abwehren.

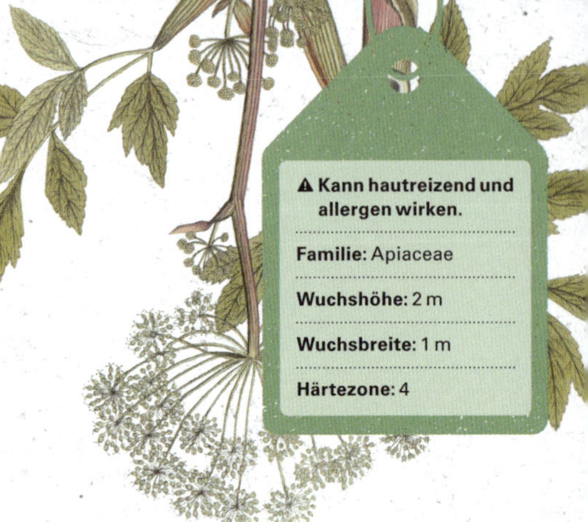

⚠ Kann hautreizend und allergen wirken.

Familie: Apiaceae

Wuchshöhe: 2 m

Wuchsbreite: 1 m

Härtezone: 4

VERWENDUNG

Die jungen, zarten Stiele können Sie zum Süßen von Fruchtspeisen – vor allem von Rhabarber – mitdünsten oder -backen. Kandiert sind sie dekorativ und schmackhaft als Tortendekoration oder essbare Süßigkeit. Nicht nur als Kraut findet die Engelwurz Verwendung, aufgrund der großen Dolden aus lindgrünen Blüten auf hohen Stängeln gibt sie auch eine hübsche Zierpflanze ab.

KULTIVIERUNG

Auf feuchtem und nährstoffreichem Boden wächst Engelwurz bei Lichtverhältnissen, die von voller Sonne bis zum Vollschatten reichen können. Sie blüht erst im zweiten Jahr, wobei manche Arten nach der Blüte absterben oder schnell vergreisen.

ERNTE

Ernten Sie die zarten, jungen Stängel im späten Frühjahr oder im Frühsommer.

CULPEPERS KRÄUTERWISSEN

Der Mediziner und Apotheker Nicholas Culpeper (1616–1654) erstellte einen alphabetischen Katalog aller zur damaligen Zeit bekannten Kräuter und deren möglicher medizinischer Verwendung, wobei er häufig mit seiner Meinung zur „modernen" Medizin nicht hinter dem Berg hielt. Sein erfolgreichstes Buch, *The English Physician,* heute bekannt unter dem Titel *Culpeper's Complete Herbal,* wurde zu einem Klassiker der Botanik- und Heilkräuterliteratur. Beim Thema Engelwurz vergleicht Culpeper seine Medizinerkollegen mit Affen – „obwohl sie nicht halb so schlau sind" – und führt auf, dass die Engelwurz, neben vielen anderen Eigenschaften, bei Vergiftungen hilft, „indem sie Herz, Blut und Geist schützt und stärkt; ebenso wirkt sie bei Pest und allen ansteckenden Krankheiten".

Echter Kerbel

Anthriscus cerefolium

Echter Kerbel verdient größte Anerkennung, da das Kraut nicht nur wohlschmeckend ist, sondern darüber hinaus das Aroma anderer Kräuter, mit denen es kombiniert wird, hervorhebt. Optimal gedeiht es in einem halbschattigen Kräutergarten.

Familie: Apiaceae

Wuchshöhe: 60 cm

Wuchsbreite: 30 cm

Härtezone: 5

VERWENDUNG

Die Blätter verwendet man frisch gehackt zu jeder Art von Hauptgericht, das mit ihrem anisartigen Petersilienaroma harmoniert. Besonders gut passen sie zu gekochtem Gemüse. Geben Sie sie entweder erst kurz vor Ende der Garzeit dazu, oder streuen Sie die Blätter frisch über das Gericht.

KULTIVIERUNG

Ziehen Sie die Pflanzen im Frühjahr aus Samen. Der Boden sollte nährstoffreich und feucht sein, die Lage halbschattig. Zu viel Sonne oder Trockenheit kann Echten Kerbel zum Schossen veranlassen. Bringen Sie Folgesaaten in Reihen aus, damit Sie regelmäßig ernten können. Allerdings treiben die Pflanzen nach dem Schnitt mehrfach wieder aus. Schützt man sie mit einer Glasglocke, gedeihen sie bis in den Winter hinein. Entfernen Sie dann die Pflanzen und säen Sie jedes Jahr neu.

ERNTE

Pflücken Sie frische Blätter nach Bedarf.

FEINE KRÄUTER

Seit der Zeit Auguste Escoffiers (1846–1935) galten *Fines herbes* als das A und O der feinen französischen Küche. Die Kräutermischung bestand aus frischer Petersilie, Estragon, Schnittlauch und Blättern von Echtem Kerbel. Sie sind Bestandteil des klassischen Rezepts für *Omelette aux fines herbes* – einer wahrhaft köstlichen Variante, diese Frühsommer-Kräuter zu genießen. Mit den Jahren hielten auch andere Kräuter Einzug in die *Fines herbes*. Für den authentischen (und besten) Geschmack greifen Sie aber am besten auf die vier ursprünglich verwendeten zurück.

Schnittsellerie

Apium graveolens var. *secalinum*

Familie: Apiaceae

Wuchshöhe: 30 cm

Wuchsbreite: 30 cm

Härtezone: 7

Schnittsellerie unterscheidet sich taxonomisch von dem wegen seiner knackigen Stangen gezogenen Bleich- oder Stangensellerie nur durch die Sortenbezeichnung. Seine Stängel sind kürzer, und da nur die Blätter verwendet werden, kann er als wiederaustreibendes Blattgemüse angesehen werden.

VERWENDUNG

Schnittsellerie verleiht Salaten einen milden Selleriegeschmack und kommt besonders gut zur Geltung, wenn diese zu einer Käseplatte gereicht werden. Auch die Stiele sind essbar und schmecken jung und zart am besten.

KULTIVIERUNG

Säen Sie jährlich Samen aus, denn im zweiten Jahr schmecken die Blätter nicht mehr so frisch. Der Boden sollte nährstoffreich und stets feucht sein, der Standort halbschattig. Im ersten Jahr erscheinende Blütenstiele entfernen. (Sie können als Folge von Trockenheit auftreten.) Es empfiehlt sich, die Pflanze zugunsten einer Neuaussaat im folgenden Frühjahr zu entsorgen. Schnittsellerie gedeiht bis in den Winter hinein, wenn man ihn mit einer Glasglocke schützt.

ERNTE

Pflücken Sie Blätter und schneiden Sie die Stiele nach Bedarf.

DEKORATIVE BLÄTTER

Funde aus rund 3000 Jahre alten Gräbern belegen, dass die Alten Ägypter einst aus Sellerieblättern Girlanden geflochten haben.

Meerrettich

Armoracia rusticana, auch bekannt als Kren

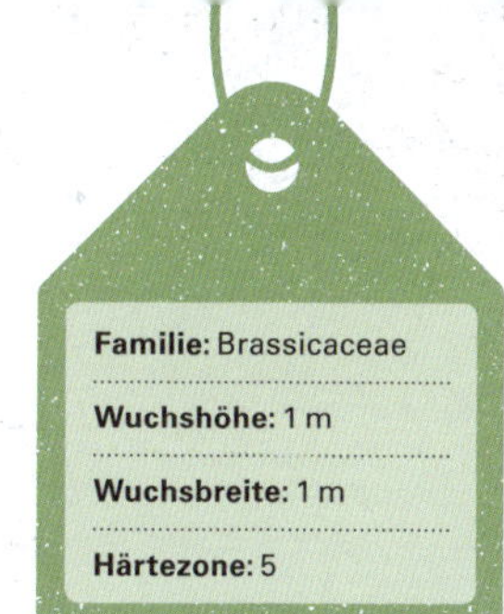

Hat er sich im Garten einmal etabliert, ist er nur schwer wieder auszurotten. Es empfiehlt sich daher, die Pflanze in einem tiefen Kübel zu kultivieren, um ihre Ausbreitung zu verhindern. Stellen Sie den Topf am besten auf „Füße" oder unterlegen Sie ihn anderweitig, um alle unter dem Topfboden sichtbaren Wurzeln abschneiden zu können. Andernfalls durchdringen diese jede noch so harte Art von Untergrund.

VERWENDUNG

Die jungen Blätter können Sie frisch verzehren oder – damit sie etwas milder schmecken – unter Rühren zusammenfallen lassen. Meist wird Meerrettich jedoch wegen seiner scharfen Wurzel angebaut. Er lässt sich als Meerrettichsoße oder -relish konservieren und passt besonders gut zu Fleisch und Fisch sowie zu Gerichten mit Roter Bete.

KULTIVIERUNG

Feuchter Boden und Halbschatten sind der bevorzugte Standort für Meerrettich. Im Herbst absterbende Blätter können entfernt und kompostiert werden.

ERNTE

Pflücken Sie junges Laub im Frühjahr und Sommer. Wurzeln können ganzjährig geerntet werden, schmecken im Herbst jedoch am besten. Graben Sie dafür die oberen 20 bis 30 Zentimeter der Wurzel (oder so viel, wie Sie aus dem Boden herausziehen können) aus und verarbeiten Sie sie frisch.

FRISCHE SCHÄRFE

Verwenden Sie scharfe Meerrettichwurzel nur frisch, beim Kochen geht der intensive Geschmack verloren.

Estragon

Artemisia dracunculus, auch bekannt als Kleiner Drache oder Schlangenkraut

Als Angehörige der Wermutfamilie, aus dem die Alkoholika Absinth und Vermouth hergestellt werden, enthalten einige *Artemisia*-Arten hochwirksame Inhaltsstoffe, die zur Insektenabwehr sowie gegen Malaria und Giftbisse eingesetzt werden (daher die alternative Bezeichnung „Schlangenkraut"). Kulinarisch ist der französische oder deutsche Estragon die bessere Wahl als der winterfeste, aber schärfere russische Estragon *(A. dracunculoides)*.

Familie: Asteraceae

Wuchshöhe: 1,5 m

Wuchsbreite: 60 cm

Härtezone: 6

VERWENDUNG

Frisch gehackte Blätter würzen Mayonnaise oder Sahnesoßen. Estragon passt zudem gut zu Huhn. Aus seinen Blättern wird auch das als „Tarchuna" oder „Tarhun" bekannte osteuropäische Erfrischungsgetränk zubereitet.

KULTIVIERUNG

Pflanzen Sie Estragon in durchlässigen Boden, in volle Sonne oder in den Halbschatten. In kalten Wintern ist er anfällig gegenüber Feuchtigkeit. Es ist daher besser, ihn in einem Topf zu ziehen, der geschützt überwintern kann. Im Spätwinter bodentief zurückschneiden. Die Pflanze nach zwei Jahren ersetzen, da frische, neue Blätter wohlschmeckender sind.

ERNTE

Pflücken Sie Blätter (oder zum Füllen eines Huhns komplette Stiele mit Blättern) nach Bedarf.

„HEINRICH VIII. LIESS SICH SCHEIDEN VON KATHARINA VON ARAGON WEGEN DEREN RUCHLOSER VERWENDUNG VON ESTRAGON"

Wer auch immer dieses Ogden Nash zugeschriebene Couplet verfasst hat, es scheint, als hätte sich weder im politischen Sprachgebrauch noch in Herzensangelegenheiten ein Reim auf „Aragon" gefunden, der ähnlich treffend war wie das in der Tudorzeit so populäre Kraut.

Gartenmelde

Atriplex hortensis, auch bekannt als Spanischer Salat oder Spanischer Spinat

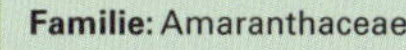

Familie: Amaranthaceae

Wuchshöhe: 1 m

Wuchsbreite: 50 cm

Härtezone: 10–11

Gartenmelde kann sich im Boden schnell zu einer Plage entwickeln, wenn man sie aussamen lässt. Wird dies jedoch verhindert, ist sie wesentlich leichter anzubauen als Spinat oder andere spinatartige Blattgemüse.

VERWENDUNG

Junge Blätter schmecken frisch als Salat. Ältere Blätter lässt man unter Rühren zusammenfallen oder kocht sie und verwendet sie wie Spinat.

KULTIVIERUNG

Die besten Pflanzen und Blätter gedeihen auf nährstoffreichem Boden in voller Sonne oder lichtem Schatten. (Dies gilt insbesondere für die zum Schossen neigende rote Sorte.) Knipsen Sie die Sprossspitzen ab (und essen Sie sie), damit die Pflanze buschig wächst. Zu Beginn der Blütezeit ziehen Sie sie heraus. Im nächsten Frühjahr säen Sie frische Samen für neue Pflanzen aus.

ERNTE

Pflücken Sie die Blätter nach Bedarf.

ATTRAKTIV & SCHMACKHAFT

Besonders dekorativ ist *Atriplex hortensis* var. *rubra* mit ihren schönen purpurroten Blättern.

Öl, Essig, Spirituosen und Duftwasser

Schon eine kleine Menge eines Krauts kann geschmacklich *den* Unterschied ausmachen. Viele Kräuter lassen sich in Essig, Öl, Alkohol und Wasser konservieren. Solche Kräuterzubereitungen sind sehr einfach herzustellen und ebenso köstlich wie wohlriechend.

KRÄUTERÖL

Füllen Sie so viel qualitativ hochwertiges Olivenöl in eine saubere, sterilisierte Flasche, dass unterhalb des Flaschenrands noch genug Platz für die Kräuter bleibt. Geben Sie die Kräuter hinein (Rosmarin, Thymian, Salbei, Oregano oder eine Mischung dieser Sorten). Achten Sie dabei nicht nur auf den Geschmack, sondern auch auf die Optik – besonders wenn Sie das Öl verschenken wollen. Bewahren Sie die verschlossenen Flaschen an einem kühlen, trockenen Ort auf und verbrauchen Sie das Öl innerhalb von sechs Monaten.

CHILIÖL

Wählen Sie dünne oder kleine Chilischoten, die halbiert in die Flasche passen. Je schärfer die Chili, desto pikanter das Öl. Halbieren Sie die Schoten der Länge nach und schieben Sie sie in die Flasche. Erhitzen Sie anschließend ein qualitativ hochwertiges Olivenöl auf etwa 40 °C und gießen Sie es über die Chilischoten. Verschließen und zwei Wochen durchziehen lassen, dann abseihen und nur das Öl wieder in Flaschen füllen. Zur Dekoration können Sie auch eine ganze Chilischote in die Flasche geben. An einem kühlen, trockenen Ort aufbewahren und innerhalb von sechs Monaten aufbrauchen. Die Chilischote bei Anbruch der Flasche entfernen (evtl. dekantieren).

KRÄUTERESSIG

Geben Sie so viel qualitativ hochwertigen Apfel- oder Weißweinessig in eine saubere, sterilisierte Flasche, dass unterhalb des Flaschenrands noch ausreichend Platz für die Kräuter bleibt. Füllen Sie die Kräuter in die Flasche (Estragon, Fenchel, Thymian, Schnittlauch, Petersilie, Nelken, Ingwer oder eine Mischung einiger oder aller genannten Kräuter. Probieren Sie auch Essig mit Kräuterblüten, z. B. von Thymian.). Vorsichtig schütteln und verschließen. An einem kühlen, dunklen Ort einen Monat aufbewahren, dann abseihen und den Essig wieder in Flaschen füllen. An einem kühlen, trockenen Ort aufbewahren und innerhalb eines Jahres verbrauchen.

KRÄUTERSCHNAPS

Nicht nur die traditionellen Früchte wie etwa Himbeeren oder Schlehen können Alkohol aromatisieren, sondern auch Kräuter. Geben Sie einfach frische Kräuterzweiglein in eine Flasche Wodka, Gin oder Rum und lassen Sie sie durchziehen. Gut geeignete Kräuter sind Thymian, Rosmarin, Zitronenverbene, Minze, Lavendel, Basilikum, Zitronengras und Dill. Einige Safranfäden sorgen für eine goldgelbe Farbe. Um Chili-Wodka herzustellen, schneidet man die Chilischoten der Länge nach auf, setzt sie an und seiht sie nach zwei Wochen ab. Dem abgefüllten Chili-Wodka können Sie ganze Chilischoten als Dekoration zugeben (siehe „Kräuter für Cocktails“, Seite 104).

DUFTWASSER

Lassen Sie eine kleine Handvoll frische oder getrocknete Kräuter – Lavendel, Minze, Kräuter mit Zitronenaroma und Duftpelargonien sind besonders geeignet – in 500 Millilitern nicht mehr siedendem Wasser fünf Minuten durchziehen. Gießen Sie das Wasser durch ein Sieb in eine Flasche ab und verwenden Sie es z. B. als Duftwasser zum Bügeln, das Sie innerhalb eines Monats aufbrauchen sollten.

1

2

3

SELBST GEMACHTES KRÄUTERÖL

1. Gießen Sie Olivenöl in eine saubere, sterilisierte Flasche.
2. Wählen Sie die Kräuter aus und achten Sie darauf, dass diese frisch und unbeschadet sind.
3. Schieben Sie die Kräuter in die Flasche. Je mehr Kräuter Sie verwenden, desto aromatischer wird das Öl.
4. Verschließen und vor Anbruch zwei Wochen durchziehen lassen. Die Kräuter beim Öffnen der Flasche entfernen.

4

Guter Heinrich

Blitum bonus-henricus, auch bekannt als Grüner Heinrich oder Wilder Spinat

Der Gute Heinrich ist entfernt mit dem als Weißer Gänsefuß oder Ackermelde (*Chenopodium album*) bekannten Gartenunkraut verwandt. Er ist eigentlich ein Wildgemüse, das man allerdings auch als „Spargel des armen Mannes" anbauen kann.

Familie: Amaranthaceae

Wuchshöhe: 60 cm

Wuchsbreite: 45 cm

Härtezone: 5

VERWENDUNG

Die an Eisen und anderen Nährstoffen reichen Blätter werden frisch oder wie Spinat gekocht genossen. Die Triebe und Blütenähren können Sie blanchieren oder wie Spargel kurz garen.

KULTIVIERUNG

Guter Heinrich gedeiht am besten in nährstoffreichem, durchlässigem Boden und in voller Sonne. Er wächst aber auch in anderen Lagen. Man kann ihn leicht teilen, sollte seine Pflanzung aber am besten alle drei Jahre durch junge Pflanzen erneuern. Wenn Sie die Spargelvariante ernten wollen, müssen Sie die Frühjahrstriebe mit Erde oder einem Rhabarbertreibtopf abdecken. Abgestorbene Pflanzenteile im Herbst zurückschneiden.

ERNTE

Pflücken Sie Blätter und schneiden Sie Blütenähren nach Bedarf. Triebe der wie Spargel gezogenen Pflanze werden mit etwa 15 Zentimetern Länge geschnitten.

KÖNIGLICHER SPINAT

Im Englischen wird die Pflanze umgangssprachlich als Guter „König" Heinrich bezeichnet. Die Ursprünge dieser Namensgebung liegen im Nebel vergangener Zeiten verborgen. Mehrheitlich wird davon ausgegangen, dass „König" erst später hinzugefügt wurde, um die Pflanze als Speisepflanze attraktiver zu machen – als eine Art königlich anerkannter Spinat. Im mittelalterlichen Europa war der „Gute Heinrich" wohl ein Elf oder hilfreicher Kobold, den man in Hecken vermutete, wo auch diese Pflanze zu finden war. Wichtig ist aber auch, den Guten vom Bösen Heinrich (einer Giftpflanze) zu unterscheiden.

Borretsch

Borago officinalis, auch bekannt als Gurken- oder Kukumerkraut

Borretsch wird häufig verwendet zum Garnieren von Cocktails – beispielsweise Gin-Variationen wie Pimm's oder Cool Tankard. Kurzum: Er wird gerne als „coole" Zutat verwendet, um Speisen und Getränke nicht nur optisch aufzupeppen. Auch die weißblütige Variante, *B. officinalis* 'Alba', ist sehr attraktiv und mit ihren 60 Zentimetern Höhe etwas kürzer.

⚠ **Kann hautreizend und allergen wirken.**

Familie: Boraginaceae

Wuchshöhe: 1 m

Wuchsbreite: 30 cm

Härtezone: 6

VERWENDUNG

Die leuchtend blauen Borretschblüten sind essbar und schmecken leicht nach Gurke. Sie verzieren Drinks sowie süße oder würzige Häppchen, aber auch Salate oder Gazpacho. Sie können in Eiswürfeln eingefroren (siehe „Kräuter für Cocktails", Seite 104) oder kandiert werden. Auch junge Blätter haben einen feinen Gurkengeschmack – und ihre dünnen Härchen zergehen auf der Zunge.

KULTIVIERUNG

Das Kraut liebt durchlässigen Boden und volle Sonne – je nährstoffreicher der Boden, desto größer wird die Pflanze. Stützen Sie die Pflanzen frühzeitig ab, da sie bei voller Wuchshöhe zum Umfallen neigen. Ausgeblühte Blüten regelmäßig herauspflücken, um eine lange Blütezeit zu erzielen. Abgestorbene Pflanzen im Herbst entfernen: Wurde Borretsch einmal im Garten gesät oder gepflanzt, vermehrt er sich munter für die folgende Saison.

ERNTE

Blüten und junge Blätter nach Bedarf pflücken.

VORSICHT BORSTEN!
Tragen Sie beim Umgang mit Borretsch besser Handschuhe, da Blätter und Stiele mit feinen, borstigen Härchen besetzt sind.

Senf

Brassica juncea

Die Schärfe der Senfpflanze galt lange Zeit als hilfreich zur Linderung leichter Erkrankungen – besonders solcher, die man sich durch Kälte zugezogen hatte. Nehmen Sie bei einer beginnenden Erkältung doch einmal ein Fußbad mit Senfmehl und machen Sie sich die stark wärmende Wirkung dieses traditionellen Hausmittels zunutze.

Familie: Brassicaceae

Wuchshöhe: 1 m

Wuchsbreite: 30 cm

Härtezone: 7

VERWENDUNG

Senfblätter können Sie unter Rühren zusammenfallen lassen oder frisch, gekocht und auch sauer eingelegt verzehren. Meist wird die Pflanze aber zur Samengewinnung (und zur Ölgewinnung aus den Samen) kultiviert. Junge Samenschoten verzehrt man frisch oder eingemacht, die Samen getrocknet oder als Keimsprossen.

KULTIVIERUNG

Senf wächst in voller Sonne und nährstoffreichem, durchlässigem Boden (ein leicht alkalischer pH-Wert von 7 bis 8 wirkt wie bei allen Pflanzen der Familie Brassicaceae der Wurzelkrankheit Kohlhernie entgegen). Jedes Jahr im Frühjahr aussäen und abgestorbene Pflanzen im Herbst entfernen.

ERNTE

Pflücken Sie junge Blätter und zarte Samenschoten nach Bedarf. Die Samen werden reif geerntet (siehe Seite 68).

GRÜNDÜNGUNG MIT SENF

Gärtner säen Senf als Gründüngung aus, die als Mulch und Bodendecker zur Unterdrückung des Unkrautwachstums dient. Dafür werden ausgewachsene Senfpflanzen abgemäht. Das Schnittgut verbleibt als Mulchdecke auf dem Boden und wird später eingearbeitet.

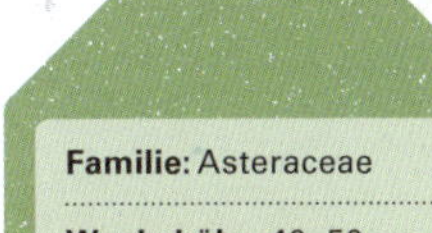

Ringelblume

Calendula officinalis, auch bekannt als Goldblume

Es gibt nur wenige Blüten mit mehr Leuchtkraft und strahlender Heiterkeit als die der Ringelblume. Mit ihr locken Sie vom Frühjahr bis in den Frühherbst Farbe, Bestäuber und essbare Blüten in Ihren Gemüsegarten.

Familie: Asteraceae

Wuchshöhe: 40–50 cm

Wuchsbreite: 40–50 cm

Härtezone: 7

VERWENDUNG

Die Blütenblätter können Sie frisch über Salat und Reisgerichte streuen oder Torten damit verzieren. Mitgekocht färben sie Reis (sie dienen zuweilen als Safranersatz), Milchprodukte und Suppen.

KULTIVIERUNG

In durchlässigen Boden und volle Sonne säen. Verwelkte Blüten regelmäßig herausschneiden, da die Pflanze dazu neigt, sich im Garten munter selbst auszusäen. Abgestorbene Pflanzen im Herbst entfernen.

ERNTE

Die Blüten reagieren empfindlich auf die Witterung und schließen sich bei feuchtkaltem Wetter. Ernten Sie sie daher an einem sonnigen, warmen Tag. Pflücken Sie die Blüten nach Bedarf und verwenden Sie zum Verzehr nur die Blütenblätter.

ALLSEITS BELIEBT

Die Kräutermedizin macht regen Gebrauch von der Ringelblume, speziell in hautberuhigenden, -stärkenden und -glättenden Salben und Cremes.

Echter Gewürzstrauch

Calycanthus floridus, auch bekannt als Nelkenpfeffer

Dieser attraktive, große laubabwerfende Strauch betört durch seine glänzenden Blätter und seine intensiv nach Erdbeeren duftenden, purpurroten Blüten, die an Magnolien erinnern.

⚠ Blüten und Früchte sind giftig.

Familie: Calycanthaceae

Wuchshöhe: 3 m

Wuchsbreite: 3 m

Härtezone: 8

VERWENDUNG

Da die Pflanze leichter zu pflegen und widerstandsfähiger als der Zimtbaum ist, wird die pulverisierte Rinde des Echten Gewürzstrauchs auch als Ersatz für Zimt verwendet. Darüber hinaus hat sie einen dezenten Nelkengeschmack.

KULTIVIERUNG

Pflanzen Sie den Echten Gewürzstrauch an einen vollsonnigen Standort. Er kommt mit den meisten Böden gut zurecht. Um ihn in seinen Ausmaßen zu begrenzen, kann er – zusätzlich zum Hauptschnitt nach der Ernte – bei Bedarf nach der Blüte zurückgeschnitten werden.

ERNTE

Schneiden Sie ab der Sommermitte bis in den Spätsommer hinein die optisch trockensten Äste heraus. Schälen Sie die Rinde ab und legen Sie sie an einem warmen, sonnigen und trockenen Platz (z. B. auf einer Fensterbank) aus. Ist sie völlig durchgetrocknet, kann sie in einem luftdichten Gefäß aufbewahrt und nach Bedarf in einer Gewürzmühle oder im Mörser zu Pulver gemahlen oder zerstoßen werden.

DIE ZIMT-ALTERNATIVE

Echter Gewürzstrauch kann in jeder Art von Speise – vom Apfelkuchen bis zum Porridge – anstelle von Zimt verwendet werden.

Chili

Capsicum annuum, auch bekannt als Peperoni

Familie: Solanaceae

Wuchshöhe: 0,3–1,5 m

Wuchsbreite: 50–100 cm

Härtezone: 11

Als „Ureinwohner" Südamerikas, von wo aus sie sich im Mittelalter nach Asien, Afrika und darüber hinaus ausbreiteten, sind Chilischoten Bestandteil vieler scharfer Gerichte. Ob sie nun für einen Hauch von Schärfe oder gleich für brennendes Feuer sorgen, für jeden individuellen Geschmack ist eine Chili gewachsen. Die größte Vielfalt erhalten Sie, indem Sie die Pflanzen aus Samen selbst züchten.

VERWENDUNG

Ob frisch oder gekocht, diese Schoten können Sie an herzhafte wie süße Gerichte und auch an Getränke geben. Die weiße Haut (und nicht die Samen) hat den höchsten Capsaicin-Gehalt, weshalb Sie, falls gewünscht, beides entfernen sollten.

KULTIVIERUNG

Paprikapflanzen sind eigentlich mehrjährig, werden in gemäßigten Klimazonen jedoch einfacher als Einjährige gezogen. Man sät sie im späten Winter und gibt sie nach der Ernte der letzten Früchte im Herbst in den Kompost. Im Gewächshaus kultivierte Pflanzen gedeihen besser als im Freiland. Die Samen benötigen zum Keimen ein beheiztes Zimmergewächshaus oder eine ähnliche Wärmequelle. Die Sämlinge werden mehrfach umgetopft, bis man sie an ihren endgültigen Standort in voller Sonne in nährstoffreichen, durchlässigen Boden (in einen großen Kübel oder das Erdreich) pflanzt. Bei Pflanzen, die dauerhaft unter Schutz (Gewächshaus, Fensterbank, Glasglocke oder Folientunnel) wachsen, erfolgt dies im späten Frühjahr, bei Freilandpflanzen im Frühsommer, sobald keine Frostgefahr mehr herrscht.

Binden Sie die Pflanzen hoch, um die oft sehr schweren Äste zu stützen. Möglich ist ein Befall durch Blattläuse oder die Weiße Fliege. Entsorgen Sie die Pflanze oder behandeln Sie sie umgehend, sobald Sie einen Befall entdecken.

ERNTE

Die Früchte sind erntereif, wenn sie sich um den Stiel herum auf sanften Druck noch fest anfühlen. Damit sie ihr volles Aroma erhalten und zusätzliche Schärfe entwickeln, lässt man sie nachreifen, bis sie ihre endgültige Fruchtfarbe angenommen haben. Die Frucht und der Stiel sollten sich leicht vom Ast abbrechen lassen. Verzehren Sie sie frisch oder konservieren Sie sie für die spätere Verwendung. Man kann sie auch trocknen, einfrieren sowie in Öl oder Alkohol einlegen (siehe „Öl, Essig, Spirituosen und Duftwasser“, Seite 40).

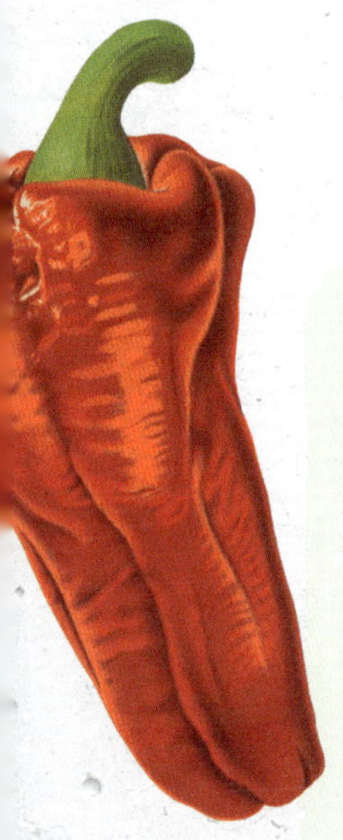

FEURIGE SCHÄRFE

Die Schärfe einer Frucht der Paprikapflanze wird insbesondere durch das Alkaloid Capsaicin hervorgerufen. Die Bestimmung des Schärfegrads einer Paprikafrucht erfolgt mittels des 1912 von Wilbur L. Scoville entwickelten Scoville-Tests: Zur Bestimmung der erforderlichen Verdünnung einer Capsaicin-haltigen Lösung, bei der keine Schärfe mehr feststellbar ist, vertraute er auf den Geschmackssinn (unerschrockener) Probanden. Der Capsaicin-Gehalt einer Schote wird in der Maßeinheit Scoville Heat Unit (SHU) angegeben. Hinsichtlich der exakten Messung des Capsaicin-Gehalts ist der Scoville-Test zwar weniger genau als moderne chemische Analysemethoden, unter selbst erklärten Chili-Fanatikern ist er aber noch immer weitverbreitet.

In Gewächshäusern züchten Experten wie Hobbyzüchter weltweit an der nächstschärfsten Chili. In der Regel konzentriert man sich dabei auf die Habanero-Sorten (Scotch Bonnet) und speziell auf die Zuchtform 'Naga'. Eine durchschnittliche Jalapeño-Chili hat einen Schärfegrad von maximal 5000 Scoville. In den letzten Jahren brach die 'Dorset Naga' den 1-Million-Scoville-Rekord und wurde seitdem bereits an Schärfe übertroffen.

BEKANNTE KULTURSORTEN

Aji Limon
Gelbe Früchte mit deutlichem Zitronengeschmack. Aufgrund ihres kaskadenförmigen Wuchses eignet sie sich für Hängeampeln und andere Pflanzgefäße.

Anaheim
Mittelscharfe Chili, ausgezeichnet zum Füllen geeignet, wird (getrocknet und gemahlen) zur Herstellung von Paprikapulver verwendet.

Apricot
Relativ milde Habanero. Die beste Sorte, bei der man das Fruchtige der Paprika schmecken kann und es weniger um die reine Schärfe geht.

Cayenne
Lange, dünne Früchte mit hohem Schärfegrad. Wird hauptsächlich zur Herstellung getrockneter Chiliflocken und von gemahlenem Chilipulver verwendet.

Cherry Bomb
Kugelrunde, rote Kirschpaprika mit mittlerem Schärfegrad, gut zum Füllen und für Salsa-Soße.

Hungarian Hot Wax
Milde, knackige Paprika, geeignet für Pfannengerichte. In ihrem Namen klingt die wichtige Bedeutung der Paprika für die ungarische Wirtschaft an.

Jalapeño
Die meistverkaufte Chilisorte (oft nur als „rote" oder „grüne Chilis" deklariert) in Supermärkten. Die mittelscharfe Jalapeño ist in der mexikanischen Küche äußerst beliebt.

NuMex Twilight
Eine kompakte Pflanze mit einer Überfülle an winzigen, relativ scharfen Früchten, die von Violett über Orange und Gelb nach Rot abreifen, sodass die Pflanze Früchte in unterschiedlichen Farben trägt.

Pimientos de Padron
Sehr milde Peperoni, die traditionell grün gepflückt wird. Kurz in Öl und Salz gebraten, wird sie warm als Bar Snack verzehrt.

Poblano
Eine sehr milde und relativ große, recht flache Paprikaart. Wird traditionell grün gepflückt, dann gefüllt und gebacken. Rotgereift gepflückt auch bekannt als „Ancho-Chilis". Poblanos schmecken ausgezeichnet, wenn man sie räuchert.

Kümmel

Carum carvi

Kümmel ist gut für die Verdauung, was seine traditionelle Beigabe zu schweren und reichhaltigen Gerichten oder Nahrungsmitteln wie Gulasch und verschiedenen Wurst- und Käsesorten erklärt. Getränken wie Kümmelschnaps oder Sauerkrautgerichten verleiht er ihre typische Würze. Trotz seiner heutzutage vielfältigen Verwendung in Nord- und Osteuropa stammt Kümmel ursprünglich aus Asien. Die ersten Kümmelsamen wurden in steinzeitlichen Siedlungen entdeckt.

Familie: Apiaceae

Wuchshöhe: 90 cm

Wuchsbreite: 30 cm

Härtezone: 3

VERWENDUNG

Die Blätter können Sie frisch im Salat oder gekocht in der Suppe verzehren. Seine langen Wurzeln werden als Gemüse gekocht. Kümmelsamen würzen die bereits genannten Speisen, aber auch Kuchen, Kekse oder Salzgebäck

KULTIVIERUNG

Säen Sie an einem sonnigen Standort. Kümmel toleriert nahezu alle Böden. Entfernen Sie abgestorbene Pflanzen im zweiten Jahr, nachdem der Samen ausgereift ist.

ERNTE

Pflücken Sie die Blätter im ersten Jahr nach Bedarf. Samen zum Trocknen nach der Samenreife ernten (siehe Seite 68). Wenn Sie die Pflanze gerodet haben, können Sie die ausgegrabene Wurzel zum Kochen verwenden.

ALLROUND-TALENT

Im Mittelalter wurde Kümmel vielseitig in der Küche verwendet. Und selbst in Liebestränken kam er zu Einsatz, da man ihm eine Potenz steigernde Wirkung nachsagte.

Römische Kamille

Chamaemelum nobile

Der botanische Name leitet sich vom griechischen Wort *chamaimēlon* ab, das „Erdapfel“ bedeutet. Diese zunächst merkwürdig erscheinende Bezeichnung erklärt sich durch den apfelartigen Duft, den die Pflanze beim Zerreiben ihres immergrünen Laubs verströmt.

VERWENDUNG

Die Blüten können Sie zu einem beruhigenden Kamillentee aufgießen – am besten „ein Teelöffel voll für einen Kamillentee vor dem Schlafengehen“, wie es in dem Kinderbuch *Die Geschichte von Peter Hase* von Beatrix Potter heißt. Für einen Duftrasen, der nicht gemäht werden muss, ist die nicht blühende Kultursorte 'Treneague' eine hervorragende Wahl (siehe „Kräuterrasen und -sitzbänke“, Seite 120).

KULTIVIERUNG

Kamille liebt leichten, durchlässigen Boden in voller Sonne. Halten Sie die Lücken im Kamillerasen unkrautfrei, bis die Pflanzen gut angewachsen sind und einen dichten Teppich bilden. Abgeblühte Kamille wird zurückgeschnitten, um die Pflanzen kurz zu halten.

ERNTE

Ernten Sie voll geöffnete Blüten zur frischen Verwendung oder trocknen und lagern Sie sie (nicht länger als ein Jahr).

FÜR LANGLEBIGE FRISCHE

Kamillenblüten verlängern die Lebensdauer von Schnittblumen, wenn man ihre Blütenköpfe ins Vasenwasser gibt.

Wegwarte

Cichorium intybus, auch bekannt als Zichorie, Chicorée oder Kaffeekraut

Als Kraut, Gemüse- und Zierpflanze täuschen die hübschen blauen Blüten der Gemeinen Wegwarte über ihren bitteren Geschmack hinweg. Zwar ist sie mehrjährig, wird aber üblicherweise als einjährige Pflanze genutzt.

Familie: Asteraceae

Wuchshöhe: 1,5 m

Wuchsbreite: 75 cm

Härtezone: 3

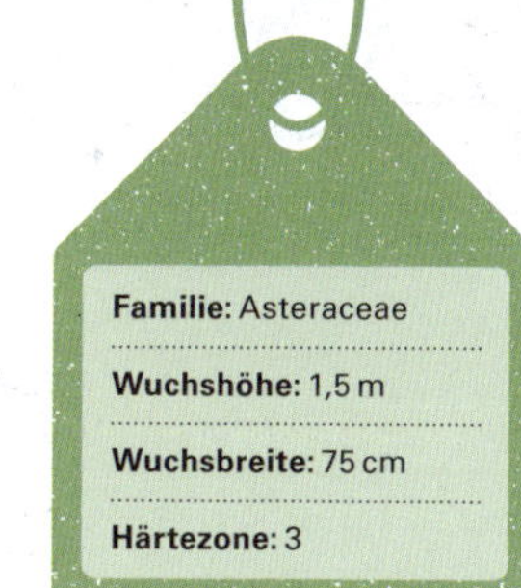

VERWENDUNG

Sorten wie Endivien können Sie frisch für Salate verwenden. Die „Herzen" von Kopf bildenden Sorten (z. B. Radicchio) können ebenfalls frisch oder leicht angeröstet verzehrt werden. Salatzichorien wie Chicorée werden für die Ernte im Winter vorgetrieben. Auch die Blüten der Wegwarte sind essbar.

KULTIVIERUNG

Säen Sie in sonniger oder halbschattiger Lage in locker-feinsandigen Boden (je sandiger der Boden, desto einfacher die spätere Wurzelernte). Um Chicorée vorzutreiben, sät man im Spätsommer und schneidet im Spätherbst den gesamten Austrieb ab. Danach stülpt man einen Topf oder Ähnliches darüber, um jeglichen Lichteinfall zu verhindern. Geerntet wird nach vier bis sechs Wochen.

ERNTE

Pflücken Sie Blätter und Blüten oder schneiden Sie Herzen nach Bedarf. Salatzichorien schneidet man und lässt sie wieder austreiben. Die meisten Kopf bildenden Sorten schlagen erneut aus. Ernten Sie vorgetriebene Zichorien unmittelbar vor dem Verzehr, da sie schnell verderben. Die Wurzeln graben Sie im Herbst aus.

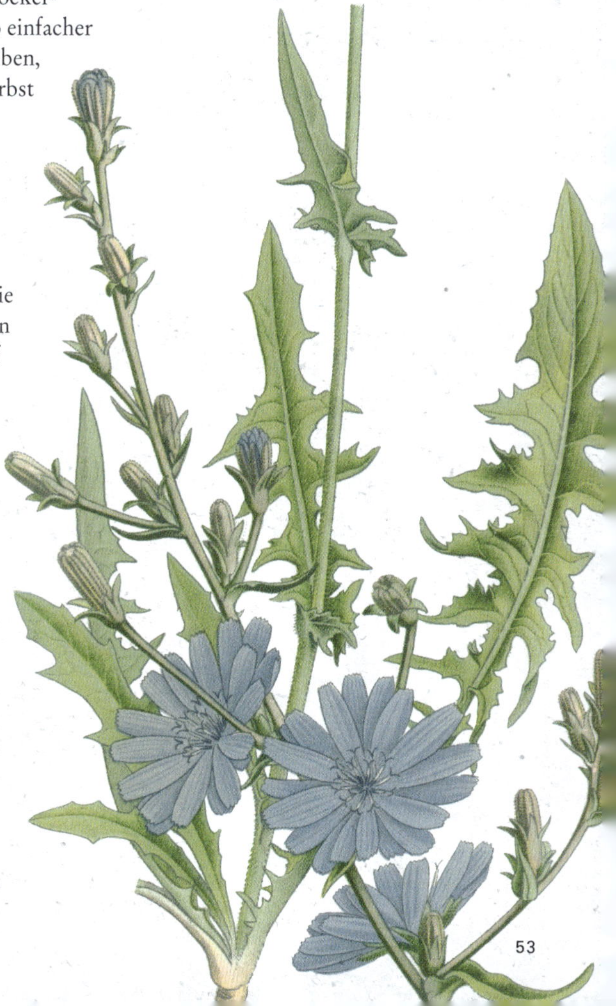

ZICHORIENKAFFEE

Die Wurzeln der Gemeinen Wegwarte können Sie zur Gewinnung von Kaffeeersatz trocknen, rösten und mahlen. Und aus dem Saft lässt sich Kaugummi herstellen.

Kräutersträuße

Kräuter sind eine wahre Fundgrube für dekorative Sträuße aus dem eigenen Garten. Sie duften garantiert und haben hübsche Blüten. Manche Kräuter – wie Engelwurz, Goldmelisse und Duftnessel – bringen sogar ganz prächtige Blüten hervor. Bei Borretsch oder Duftveilchen sind die Blüten hingegen sehr zierlich. Und viele andere Kräuter – wie Dill, Majoran oder Minze – verleihen einem Strauß mit ihrem Blattgrün und ihren kleinen Blüten mehr Fülle. Wenn man Blumensträuße bindet, kann es interessant sein, nicht nur Wert auf die Optik zu legen, sondern auch auf die volkskundliche Symbolik der Blüten zu achten: So können Sie beispielsweise Rosmarin als Symbol für die Erinnerung mit einbinden.

KRÄUTER, DIE SICH GUT FÜR DEKORATIVE STRÄUSSE EIGNEN:

Borretsch (*Borago officinalis*)
Dill (*Anethum graveolens*)
Duftnessel (*Agastache foeniculum*)
Duftpelargonie (*Pelargonium*)
Duftveilchen (*Viola odorata*)
Echter Lavendel (*Lavandula angustifolia*)
Engelwurz (*Angelica archangelica*)
Goldmelisse (*Monarda didyma*)
Klatschmohn (*Papaver rhoeas*)
Majoran (*Origanum majorana*)
Minze (*Mentha*-Arten), insbesondere Apfelminze (*M. suaveolens*)
Mutterkraut (*Tanacetum parthenium*)
Oregano (*Origanum vulgare*)
Ringelblume (*Calendula officinalis*)
Rosmarin (*Salvia rosmarinus* syn. *Rosmarinus officinalis*)
Salbei (*Salvia officinalis*)
Schafgarbe (*Achillea ageratum*)
Thymian (*Thymus*-Arten)
Ysop (*Hyssopus officinalis*)

SEGEN SPENDENDES KRAUT DER LIEBE

Myrte wird mit den antiken Göttinnen Aphrodite und Venus in Verbindung gebracht. Traditionell wird ein Myrtenzweig mit in den Brautstrauß eingebunden. Eine Braut mit grünem Daumen kann dieses Zweiglein als Steckling in die Erde setzen und es zu einem Strauch ziehen, um ihren Töchtern für deren Brautstrauß Zweige zu schneiden.

Bergamotte

Citrus × limon, Bergamotte-Gruppe

Die Bergamotte *(Citrus aurantium Bergamia)* kann in einem Topf gezogen werden, damit sie sich – in angemessener Größe – besser für den heimischen Garten oder das Gewächshaus eignet.

Familie: Rutaceae

Wuchshöhe: 10 m

Wuchsbreite: 7 m

Härtezone: 11

VERWENDUNG

Die Blüten der Bitterorange *(Citrus x aurantium L.)* werden zur Herstellung von Neroli-Öl verwendet, das häufig für die Parfümerzeugung und in der Aromatherapie eingesetzt wird und als Aphrodisiakum bekannt ist. Lässt man die Blüten in Wasser ziehen, entsteht das bekannte Orangenblütenwasser – eine Zutat für Desserts und Backwaren. Aus der Schale der Bergamottefrüchte wird ätherisches Bergamotte-Öl gewonnen. Und die Früchte selbst können Sie anstelle von Limetten nutzen.

KULTIVIERUNG

Man kultiviert die Bergamotte in durchlässigem Boden in voller Sonne oder in einem großen Topf – geschützt in einem Gewächshaus oder Wintergarten. Im Frühjahr und Sommer muss sie gut gegossen werden, und im Topf benötigt sie Dünger. Halten Sie sich dabei an die Dosierungsangaben des Herstellers. Im Frühjahr sollten Sie Ihre Bergamotte zurückschneiden, jedoch nur so viel, wie zur Erhaltung der Form erforderlich ist.

ERNTE

Pflücken Sie die Blüten, die für die Produktion von Orangenblütenwasser gedacht sind, sobald sie sich öffnen. Früchte werden im reifen Zustand geerntet, damit das Öl und die Frucht bestmögliche Duft- und Geschmacksnoten aufweisen. Wenn Sie Öl für den privaten Gebrauch destillieren wollen, sollten Sie jedoch bedenken, dass die Ausbeute nur sehr gering sein wird.

DUFTÖL

Das aus der Fruchtschale der Bergamotte gewonnene Öl kommt auch in der Aromatherapie zum Einsatz und verleiht Earl-Grey-Tee die charakteristische Note.

Kleinblütige Bergminze

Clinopodium nepeta

Familie: Lamiaceae

Wuchshöhe: 30–50 cm

Wuchsbreite: 30 cm

Härtezone: 6

Einzeln sind die Blüten der Kleinblütigen Bergminze recht unscheinbar, doch im Sommer ist die Pflanze übervoll davon.

VERWENDUNG

Die Blätter schmecken intensiv nach Minze und Oregano. Sie eignen sich nur für kräftige Geschmacksrichtungen wie etwa gebratenes dunkles Fleisch oder überall dort, wo eine Extra-Prise Geschmack vonnöten ist. Man kann sie aber auch zu einem Tee aufbrühen. Schwangere sollten allerdings auf den Verzehr von Bergminze verzichten, da sie einen abtreibend wirkenden Stoff enthält.

KULTIVIERUNG

Die Kleinblütige Bergminze liebt die volle Sonne sowie durchlässigen und selbst trockenen Boden. Nach der Blüte schneidet man sie zurück, um einen frischen Austrieb im Spätsommer anzuregen. Die ganze Pflanze kann im Herbst oder Spätwinter erneut zurückgeschnitten werden, damit sie kompakt und buschig bleibt. In milden Wintern behalten die halbimmergrünen Stiele einige Blätter.

ERNTE

Pflücken Sie die Blätter nach Bedarf.

RANDFIGUR

Der kompakte buschige Wuchs der Kleinblütigen Bergminze macht sie zum idealen Kandidaten für Einfassungen im Kräutergarten.

Koriander

Coriandrum sativum, auch bekannt als Wanzenkraut oder Indische Petersilie

Koriander ist leicht zu verwechseln mit Petersilie, bis man die Blätter zerreibt und einen markanten Seifengeruch wahrnimmt. Er ist ein traditionelles Würzkraut mit einer ganzen Reihe bekannter positiver Wirkungen auf das Verdauungssystem.

Familie Apiaceae

Wuchshöhe: 60 cm

Wuchsbreite: 20 cm

Härtezone: 10–11

VERWENDUNG

Frischer Blattkoriander ist eine Grundzutat der südostasiatischen Küche und auch in zahlreichen traditionellen mexikanischen Gerichten zu finden. Die Samen werden getrocknet als ganze Früchte oder gemahlen verwendet und verleihen indischen Currys sowie zahlreichen anderen pikanten und süßen Speisen eine unverwechselbare, dezente Würze. Werden die Wurzeln geschält und zu einer Paste verarbeitet oder gehackt und gebraten, ähnelt ihr Geschmack eher den getrockneten Samen als dem frischen Laub.

KULTIVIERUNG

Es gibt Sorten, die speziell wegen ihres Laubs ('Cilantro') und andere, die wegen der Früchte angebaut werden. Eine samenfeste, blattreiche Sorte produziert allerdings von beidem genug. Säen Sie in durchlässigen Boden in volle Sonne, wenn Sie nicht besonders großen Wert auf Laub und Wurzeln legen. Andernfalls sollte man in lichtem Schatten säen, da zu viel Hitze und Sonne die Pflanzen zum Schossen anregt. Gießen Sie stets reichlich und entfernen Sie abgestorbene Pflanzenteile im Herbst.

ERNTE

Pflücken Sie Blätter nach Bedarf. Ernten Sie die Früchte, sobald diese reif sind (siehe Seite 68). Reißen Sie im Spätsommer die komplette Pflanze aus, wenn Sie auch die Wurzeln ernten wollen.

SÜSSE PASTILLEN

Im 16. Jahrhundert versüßte man sich in England das Leben mit winzigen Korianderkügelchen. Dafür wurden ganze Koriandersamen mit mehreren Zuckerschichten überzogen.

Safran

Crocus sativus, auch bekannt als Safran-Krokus

Die arbeitsintensive Safranernte – jeder Faden muss von Hand aus der Blütenmitte gezupft werden – und die Tatsache, dass jede Knollenpflanze nur eine einzige Blüte mit ein paar Fäden produziert, macht den Safran zu einem der teuersten Gewürze der Welt.

Familie: Iridaceae

Wuchshöhe: 10 cm

Wuchsbreite: 10 cm

Härtezone: 6

VERWENDUNG

Safran verleiht Backwaren und Reis in Gerichten wie Paella eine delikate Würze und ihren unverwechselbaren gelben Farbton. Er hat eine leicht stimmungsaufhellende Wirkung, wenn man ihn mit Alkohol ansetzt und daraus eine Tinktur herstellt.

KULTIVIERUNG

Pflanzen Sie die Knollen im Spätsommer in durchlässigen, feinsandig-lockeren, aber nährstoffreichen Boden in volle Sonne. Die Pflanze blüht, sobald die Knolle einen Durchmesser von drei Zentimetern erreicht und eine sechswöchige warme, trockene Sommerperiode (mit Bodentemperaturen von über 20 °C) überdauert hat.

ERNTE

Man zupft die drei roten, fadenähnlichen Narbenäste vorsichtig aus der Blütenmitte (ggf. eine Pinzette benutzen). Der geerntete Safran muss vor der Verwendung oder Lagerung getrocknet werden. Die Fäden sollten innerhalb eines Jahres verbraucht werden – danach verflüchtigt sich das Aroma.

EINE LANGE TRADITION

Der Safran-Krokus ist eigentlich eine unfruchtbare Pflanze – er produziert keine Samen –, sodass er über Ableger der Mutterknolle vermehrt werden muss. Das bedeutet, dass alle Kulturpflanzen, sofern sie nicht in freier Natur gefunden werden, Klone ihrer selbst sowie von Pflanzen sind, die seit mindestens 4000 Jahren kultiviert werden. Im Mittelalter wurden Safran-Krokusse besonders im britischen Saffron Walden und in Nürnberg gezüchtet. Heute wird der weltweit größte Anteil im Iran sowie in Griechenland und Marokko angebaut.

Kräutertee

Das ganze Jahr hindurch frische oder getrocknete Kräuter für Teemischungen zur Hand zu haben, gehört zu den großen Vorteilen eines kleinen Kräutergartens. Und Teeliebhaber können sich aus den besten Teekräutern sogar einen kompletten Kräutergarten zusammenstellen.

Eigentlich ist ein Kräutertee ein „Aufgussgetränk". Genau genommen bezieht sich der Begriff „Tee" auf die Blätter von *Camellia sinensis*, der Teepflanze aus der Gattung der Kamelien (die sich leicht im heimischen Garten in kühl-gemäßigten Klimazonen kultivieren lässt). Eine wohltuende und stärkende Tasse Kräutertee aufzubrühen, kann einfacher nicht sein: Bringen Sie Wasser zum Kochen und lassen Sie es einige Minuten abkühlen. Übergießen Sie damit einige frische Kräuterzweige in einer großen Tasse oder einem Becher. Lassen Sie den Tee etwa fünf Minuten ziehen und nehmen die Kräuter vor dem Trinken heraus. Nach Belieben können Sie die Kräuter für einen intensiveren Geschmack auch in der Tasse belassen.

Die unten aufgelisteten Kräuter sind am besten für Tee geeignet und ganz leicht anzupflanzen. Aber viele weitere Kräuter können frisch oder getrocknet als Tee Verwendung finden. Experimentieren Sie doch einmal mit verschiedenen Mischungen. Es gibt Kräuter, die gegen bestimmte Beschwerden helfen sollen. Dennoch sollten sie nie ein Kraut im Übermaß konsumieren und stets prüfen, ob es Kontraindikationen gibt, vor allem in der Schwangerschaft.

DIE BESTEN TEEKRÄUTER

- Zitronenverbene (*Aloysia citriodora*) hat von allen Kräutern das intensivste Zitronenaroma und ergibt einen vorzüglichen Tee.
- Römische Kamille *(Chamaemelum nobile)* ist das optimale Kraut für einen Gute-Nacht-Kräutertee. Sie wirkt wohltuend und beruhigend.
- Zitronengras *(Cymbopogon citratus)* hat ein an Zitronensorbet erinnerndes Aroma. Hacken Sie die langen Blätter klein und geben Sie sie in einem Tee-Ei ins Wasser oder schöpfen Sie sie mit dem Löffel heraus, bevor Sie den Tee trinken.
- Wilder Fenchel *(Foeniculum vulgare)*, insbesondere seine Samen, ergeben einen entschlackenden Tee mit angenehmem Anisgeschmack, der auch bei Verdauungsproblemen hilft.
- Zitronenmelisse *(Melissa officinalis)* hat einen etwas grasigen Zitronengeschmack. Mischt man sie mit Minze, so schmeckt der Tee aromatisch. Sie soll stimmungsaufhellend wirken.
- Minze (*Mentha*-Arten) ist wohlbekannt als Kräutertee und gilt als entblähend und ist hilfreich bei Bauchschmerzen.
- Brennnessel *(Urtica dioica)* liefert einen eher milden, entschlackenden Tee. Für mehr Geschmack mischen Sie sie am besten mit anderen Kräutern.
- Ingwer *(Zingiber officinale)* wurde traditionell als Mittel gegen Übelkeit verwendet. Eine oder zwei Scheiben frische Ingwerwurzel reichen für einen Tee bereits aus.

Neben diesen einfachen Kräutertees ist Hagebuttensirup, verdünnt mit etwas heißem Wasser, ein ausgezeichnetes wärmendes Getränk mit hohem Vitamin-C-Gehalt. Und auch warme Kurkuma-Getränke – oft mit (pflanzlicher) Milch und z. B. mit Zimt gewürzt – werden immer beliebter.

Kreuzkümmel

Cuminum cyminum

Kreuzkümmel wird hauptsächlich in der indischen und asiatischen Küche verwendet. Wie viele andere Samen produzierende Kräuter (Koriander, Kümmel, Fenchel etc.) gehört Kreuzkümmel zur Familie der Doldenblütler, deren schirmartige Blütenstände bei Bienen außerordentlich beliebt sind.

Familie: Apiaceae

Wuchshöhe: 30 cm

Wuchsbreite: 30 cm

Härtezone: 11

VERWENDUNG

Die Samen, ob ganz oder gemahlen, würzen Currys (Reis-Beilagen mit Gemüse oder Fleisch) und sind Bestandteil aromatischer bis scharfer Curry-Gewürzmischungen. Kreuzkümmel(samen)-Öl hat eine angenehme Würze mit leichter Anisnote.

KULTIVIERUNG

Der Anbau erfolgt in durchlässigem Boden und in voller Sonne. Wenn die Temperaturen jedoch nicht hoch genug sind (mindestens 28 °C über drei bis vier Monate), können die Samen nicht reifen. Abgestorbene Pflanzen im Herbst entsorgen.

ERNTE

Ernten Sie die reifen Samen (siehe Seite 68).

EINE PFLANZE MIT GESCHICHTE

Kreuzkümmel wird in der Bibel (Matthäus 23,23) neben Minze und Dill als Gewürzpflanze zur Bezahlung des Zehnten erwähnt.

Kurkuma

Curcuma longa, auch bekannt als Gelbwurz

Familie: Zingiberaceae
Wuchshöhe: 1 m
Wuchsbreite: 1 m
Härtezone: 12

Kurkuma wurde oft als preiswerter Ersatz für Safran angesehen, dies allerdings nur aufgrund seiner intensiven Farbe. Sein eher strenger Geschmack kann in einem Gericht leicht sehr dominant wirken. Das sonnengelbe Gewürz wird seit Jahrtausenden zum Färben der Gewänder buddhistischer Mönche verwendet.

VERWENDUNG

Das zu Pulver zermahlene Rhizom wird als Gewürz und zum Einfärben an Currys und Reisgerichte gegeben. Man verwendet es auch in Kurkuma-Latte, einem (Pflanzen-)Milchgetränk, das in der ayurvedischen Küche *„haldi doodh"* heißt. Die Blätter der Pflanze können für Krautwickel (Kohlrouladen) verwendet werden. Gedämpft verleihen sie der Füllung ein delikates Aroma.

KULTIVIERUNG

Pflanzen Sie gesunde Knollen in durchlässigen Boden oder Töpfe. Die Pflanze bevorzugt einen warmen, feuchten Platz in voller Sonne oder lichtem Schatten.

ERNTE

Ernten Sie frische Blätter nach Bedarf. Während der Ruhephase der Pflanze können Sie Teile des Wurzelstocks ausgraben. Diese werden gedämpft oder gekocht, dann getrocknet und zu Pulver vermahlen.

WURZEL VOLLER HEILENDER KRÄFTE

Die Heilkraft der Kurkuma wird gerade wiederentdeckt. Die Erwartungen sind groß, doch es bedarf weiterer Studien, um ihre positiven Effekte nachzuweisen.

Zitronengras

Cymbopogon citratus

Familie: Poaceae

Wuchshöhe: 1,5 m

Wuchsbreite: 1 m

Härtezone: 11

Zitronengras ist eine attraktive, große Pflanze für die sonnige Fensterbank oder das Gewächshaus. Sie verströmt einen an Zitronenmelisse (*Melissa officinalis*) erinnernden Duft, der allerdings nicht so kräftig wie bei der Zitronenverbene (*Aloysia citriodora*) ist. Ihre ätherischen Öle sind dennoch so intensiv, dass sie für Parfüms mit Zitronengras-Duftnote verwendet und mit anderen Düften kombiniert werden.

VERWENDUNG

Frisch gepflückte Blätter geben Tees eine zitronige Note. Sie eignen sich aber auch zum Einwickeln von Füllungen, denen sie gedämpft ihr einzigartiges Aroma verleihen. Der untere Teil, die sogenannte Bulbe, eignet sich für Currys mit Kokosgeschmack sowie Reis- und Fischgerichte. Getrocknet und gemahlen ist Zitronengras auch als Sereh-Pulver bekannt.

KULTIVIERUNG

Pflanzen Sie Zitronengras in volle Sonne in durchlässigen Boden oder in Anzuchterde. Ein mäßig feuchter Standort ist ideal, gießen Sie andernfalls regelmäßig. Den schnellsten Erfolg hat man mit abgetrennten Ablegern. Sie können aber auch die Bulben des im Lebensmittelgeschäft gekauften Zitronengrases in einem Glas Wasser bewurzeln lassen und anschließend in einen Topf pflanzen.

ERNTE

Schneiden Sie frische Blätter nach Bedarf. Trennen Sie dazu die Bulben sauber direkt über dem Boden ab.

BEI KATZEN BELIEBT

Katzen mögen die überhängenden, duftenden Blätter des Zitronengrases. Als Spielzeug werden diese rasant in braune Fetzen zerlegt.

Epazote

Dysphania ambrosioides, auch bekannt als Mexikanischer Drüsengänsefuß

Wie viele alte und beliebte Kräuter wächst Epazote unter geeigneten Bedingungen wie Unkraut. In warmen Klimazonen ist der Mexikanische Drüsengänsefuß zwar eine (empfindliche) mehrjährige Pflanze, im gemäßigten Klima zieht man ihn jedoch am besten als Einjährige.

⚠ Sparsam verwenden!*

Familie: Amaranthaceae

Wuchshöhe: 1,25 m

Wuchsbreite: 75 cm

Härtezone: 11

*** Die reifen Samen der Pflanze sind giftig. Übermäßiger Verzehr der Blätter kann ernsthafte Erkrankungen bis hin zu Todesfällen verursachen. Während der Schwangerschaft ist von jeglichem Verzehr abzuraten. Hautreizungen sind potenziell möglich. In manchen Ländern ist die Verwendung gesetzlich eingeschränkt.**

VERWENDUNG

Das Kraut ist in seiner Heimat Mexiko für seine stark würzende Wirkung in unterschiedlichsten Gerichten von Suppen und Salaten bis hin zu Hülsenfrüchten bekannt. Epazote ist zudem ein wesentlicher Bestandteil einer authentischen Salsa. Verwenden Sie jeweils nur sehr wenig davon. Der Geschmack von Epazote ist so intensiv, dass bei jeglicher Verwendung eine minimale Menge ausreicht!

KULTIVIERUNG

Zur Beschleunigung der Keimung die Samen über Nacht in Wasser einlegen. Der Anbau erfolgt in nährstoffreichem, durchlässigem Boden in voller Sonne. Die Sprossspitzen abkipsen, um einen buschigen Wuchs zu fördern. Abgestorbene Pflanzen im Herbst entsorgen.

ERNTE

Pflücken Sie die Blätter nach Bedarf.

EINZIGARTIG IM GESCHMACK

Salsas und Quesadillas schmecken am besten, wenn man Korianderblätter teilweise durch Epazote ersetzt – jedoch äußerst sparsam!

Kardamom

Elettaria cardamomum

Familie: Zingiberaceae

Wuchshöhe: 3 m

Wuchsbreite: 3 m

Härtezone: 11

Die aromatischen Kardamomsamen bieten vielfältige kulinarische Möglichkeiten. Sobald sie allerdings den Kapselfrüchten entnommen wurden, verlieren sie schnell ihren einzigartigen Duft. Die Pflanzen stammen ursprünglich aus dem Regenwald und werden hierzulande, sofern man ihnen nicht nahezu perfekte Umgebungsbedingungen bietet, leider kaum blühen und Früchte hervorbringen.

VERWENDUNG

Die Samen sind sowohl medizinisch als auch kulinarisch vielseitig einsetzbar. Sie können (wenn man sie unmittelbar nach dem Öffnen der Kapsel kaut) Mundgeruch verhindern und (als gemahlenes Gewürz) süßes Gebäck aromatisieren. Kardamomsamen würzen Currys sowie andere herzhafte und pikante Gerichte, aber ebenso süße Speisen und Getränke.

KULTIVIERUNG

Der Anbau erfolgt in nährstoffreichem, feuchtem Boden in lichtem Schatten. Ganzjährig muss es sehr heiß und feucht sein. Die Samen reifen erst ab einer Temperatur von mindestens 19 °C.

ERNTE

Pflücken Sie reife Früchte und trocknen Sie die Kapseln ungeöffnet. Die Samen werden den getrockneten und gelagerten Kapseln kurz vor der Verwendung entnommen und gemahlen.

EXQUISITES GEWÜRZ

Kardamom wird von Hand geerntet und gehört daher nach Gewicht neben Safran (siehe Seite 59) und Vanille zu den teuersten Gewürzen der Welt.

Wasabi

Eutrema japonicum, auch bekannt als Japanischer Meerrettich

Die im Handel erhältliche Wasabipaste wird häufig mit Meerrettich (siehe Seite 37) gestreckt oder besteht vollständig daraus. Wenn Sie also die echte japanische Variante wollen, ist es einfacher, Wasabi selbst zu ziehen. Wilder Wasabi liebt Uferlagen von Gebirgsbächen und frischen Fließgewässern. Man kann ihn aber in durchlässigem Boden anbauen, vorausgesetzt er bekommt genügend Wasser.

Familie: Brassicaceae
Wuchshöhe: 40 cm
Wuchsbreite: 20 cm
Härtezone: 8

VERWENDUNG

Traditionell wurde Wasabi als Gegengift bei einer Fischvergiftung genommen, was erklärt, warum man ihn häufig als Beilage zu *Sashimi* (Sushi mit rohem Fisch) reichte. Die Wurzel wird gerieben bzw. als Paste oder mit anderen Zutaten als Dip verzehrt. Die Blüten können mit den Blättern in Salzlake eingelegt werden (*Wasabi Zuke*), wohingegen man frische Blätter zum Einwickeln von gedämpftem Fisch verwendet.

KULTIVIERUNG

Pflanzen Sie die senkrecht wachsenden Rhizome in durchlässigen, aber feuchten Boden in den Halbschatten oder, falls möglich, in sauberes, fließendes Quellwasser.

ERNTE

Blätter und Blüten können nach Bedarf gepflückt werden. Die Wurzeln werden am besten 18 Monate nach der Pflanzung im Herbst ausgegraben.

BESSER SCHATTIG

Der Lichtblick für jeden Wasabi-Gärtner besteht darin, dass die Pflanzen einen wolkigen, gemäßigten Sommer gegenüber einem sonnigen, heißen vorziehen. Die beste Ernte erzielt man unter Bedingungen, die dem schattigen Bergbach-Standort seiner ursprünglichen japanischen Heimat ähneln.

Samen und Fenchelpollen ernten

Viele Kräuter produzieren Samen, die so schmackhaft und wertvoll sind wie das Kraut selbst. Es lohnt sich also zu wissen, wie man die Samen richtig erntet. Samen lassen sich auch von blühenden Kräutern gewinnen, um durch Aussaat neue Pflanzen zu ziehen. Das ist besonders nützlich und sehr wirtschaftlich bei einjährigen Pflanzen.

Pollen von Wildem Fenchel (*Foeniculum vulgare*) sind ein kulinarisches Highlight und unglaublich teuer. Es ist sehr einfach, diese von selbst gezogenen Pflanzen zu ernten: Schneiden Sie frische Stängel ab (siehe gegenüber) und ernten die Pollen wie Samen. Warten Sie jedoch, bis ein Großteil der Einzelblüten geöffnet ist, bevor Sie die Stängel abschneiden. Auf den Blüten sollten die gelben Pollenkörner zu sehen sein. Ernten Sie Samen oder Pollen stets an einem trockenen, vorzugsweise sonnigen Tag.

VON DER PFLANZE ERNTEN

Sind Sie sich hinsichtlich des Samenreifezeitpunkts nicht ganz sicher, können Sie eine Papiertüte über jeden Samenstand stülpen. Binden Sie die Tüte fest um jeden Stängel, sodass zu Boden rieselnde Samen aufgefangen werden. Belassen Sie die Tüte eine oder zwei Wochen an der Pflanze. Schütteln Sie die Stängel gelegentlich. Reife und abgefallene Samen rascheln in der Tüte. Schneiden Sie dann die Stängel ab und hängen sie zum Ausreifen und Weitertrocknen auf, wie im nächsten Abschnitt beschrieben.

VON ABGESCHNITTENEN STÄNGELN ERNTEN

Schneiden Sie die Samenstände oder Blütenköpfe mitsamt der Stängel ab. Die Stängel sollten so lang sein, dass sie einige Zentimeter aus einer Papiertüte, in die Sie sie stecken, herausragen. Geben Sie die Samenstände oder Blütenköpfe kopfüber in die Tüte – möglicherweise passen mehrere in eine Tüte, doch sie trocknen am besten, wenn man nicht zu viele hineinpackt. Binden Sie die Tüte um die Stängel fest zu und lassen Sie ein Bindfadenende lang, mit dem Sie die Tüte kühl und trocken aufhängen können. Nach etwa zwei Wochen schütteln Sie die Stängel – reife Samen sollten auf den Tütenboden gerieselt sein und rascheln. Pollen rascheln nicht und bedürfen einer optischen Begutachtung. Schütteln Sie die Stängel erneut, um sicherzustellen, dass sämtliche Samen oder Pollen abgefallen sind. Geben Sie die Samenstände oder Blütenköpfe anschließend in den Kompost.

AUFBEWAHRUNG

Schütten Sie die Samen oder Pollen aus der Tüte in ein sauberes, trockenes Glas, und verschließen Sie es luftdicht. Der Inhalt ist bis zu einem Jahr haltbar. Befindet sich eine große Menge Spreu in der Ausbeute, schütten Sie den Tüteninhalt auf eine saubere, trockene Schale und sortieren die Samen oder Pollen von Hand aus – ein mühsamer, aber lohnenswerter Prozess.

1

2

3

1. Wählen Sie an einem trockenen Tag einige Fenchelblütenköpfe oder Samenstände von guter Qualität aus.
2. Schneiden Sie jeden Samenstand mit ausreichend langem Stängel ab und geben Sie ihn kopfüber in eine Papiertüte (nie in eine Plastiktüte, denn sie begünstigt Feuchtigkeit und damit Fäulnisbildung).
3. Hängen Sie alle Tüten etwa zwei Wochen lang an einem kühlen und trockenen Ort auf.
4. Geben Sie die Fenchelpollen oder Samen in ein luftdicht verschließbares Glas und verwenden Sie sie nach Belieben.

4

Wilder Fenchel

Foeniculum vulgare, auch bekannt als Bitterfenchel oder Gewöhnlicher Fenchel

Die große Pflanze verleiht dem Kräutergarten oder der Zierrabatte mit ihren fein gefiederten Blättern mehr Höhe und ein interessantes Aussehen. Alle Teile können wegen ihres Anisaromas verwendet werden. Nicht verwechselt werden sollte der Wilde Fenchel mit dem Gewürz- oder Süßfenchel (*F. vulgare* var. *dulce*).

Familie: Apiaceae

Wuchshöhe: 2 m

Wuchsbreite: 50 cm

Härtezone: 5

VERWENDUNG

Die Blätter gibt man zum Salat oder verwendet sie zum Garnieren, wohingegen die Unterblätter als Gemüse gekocht oder frisch gegessen werden. Getrocknete Fenchelstängel eignen sie gut als Spieße für Fisch. Fenchelpollen können Sie über süße oder herzhafte Gerichte streuen. Die Samen werden gerne ganz oder gemahlen zum Aromatisieren von Backwaren, Wurst oder Likören, z. B. von Sambuca, aber auch zur Zubereitung von Tee genommen.

KULTIVIERUNG

Fenchel wächst in den meisten Böden und Lagen, bevorzugt jedoch volle Sonne und durchlässigen Boden. Er neigt dazu, sich im Garten selbst auszusäen, wenn man ausgeblühte Blütenstände nicht abkneift. Abgestorbene Stängel schneidet man im Herbst oder Winter zurück.

ERNTE

Blätter und Stängel nach Bedarf schneiden. Die Unterblätter sind im Frühjahr am zartesten. Pollen und Samen ernten Sie am besten kurz vor der Reife (siehe Seite 68).

BRONZEFENCHEL

Der Bronzefenchel, *F. vulgare* 'Purpureum', ist wegen seines attraktiven Laubs ein ständiger Vertreter der alljährlich in London stattfindenden RHS Chelsea Flower Show. Er ist ebenfalls essbar und macht sich gut in einer farbenfrohen Rabatte.

Waldmeister

Galium odoratum, auch bekannt als Wohlriechendes Labkraut oder Maikraut

Der im Halbschatten gedeihende, Teppich bildende, mehrjährige Waldmeister ist ideal als Bodendecker oder für die Pflanzung unter Sträuchern und Gehölzen. Sein Name leitet sich aus dem Griechischen *gala* ab, was „Milch" bedeutet, und bezieht sich auf seine historische Verwendung zur Milchgerinnung bei der Käseherstellung.

⚠ Sparsam verwenden!*

Familie: Rubiaceae

Wuchshöhe: 30 cm

Wuchsbreite: 1 m +

Härtezone: 5

VERWENDUNG

Frisches Waldmeisterkraut lässt man für die Zubereitung von Maibowle in Weißwein durchziehen. Man kann es aber auch zum Verzieren und Aromatisieren von Longdrinks verwenden. Die Blüten werden wegen ihres Dufts getrocknet.

*** Frisches Waldmeisterkraut setzt beim Welken Cumarin frei, was zu Gesundheitsschäden führen kann. Verwenden Sie nicht mehr als 3 Gramm pro Liter Wein.**

KULTIVIERUNG

Die Pflanze gedeiht in feuchtem, aber durchlässigem Boden im Halbschatten. Waldmeister breitet sich bei günstigen Wachstumsbedingungen praktisch grenzenlos aus.

ERNTE

Blätter und Blüten nach Bedarf pflücken.

WÄSCHEDUFT

Um Bettwäsche mit Waldmeister zu beduften, können Sie mit getrockneten Blüten gefüllte Säckchen zwischen die Bettwäsche im Schrank legen.

Hopfen

Humulus lupulus

Die südenglischen Grafschaften, insbesondere Kent, sind übersät mit auffälligen Hopfendarren, speziellen Trockenschuppen, die einst für die traditionelle Hopfenernte in dieser Region gebaut wurden. Heutzutage ist die Ernte weitgehend kommerzialisiert und die Produktion erfolgt in großem Stil.

⚠ **Kann hautreizend und allergen wirken.**

Familie: Cannabaceae

Wuchshöhe: 6 m

Wuchsbreite: 50 cm

Härtezone: 5

VERWENDUNG

Die Blüten dienen zum Würzen und Konservieren von Bier. Darüber hinaus haben sie eine stark beruhigende Wirkung. Nach dem Trocknen füllt man sie in „Schlaf fördernde" Aromakissen. Hopfenranken werden als attraktive Dekoration genutzt. Dafür schneidet man die ganze Pflanze am Boden ab und trocknet sie anschließend. Junge Wurzeltriebe können wie Spargel gekocht werden (Hopfenspargel).

KULTIVIERUNG

Ziehen Sie Hopfen in feuchtem, nährstoffreichem Boden in voller Sonne oder im Halbschatten. Da es sich um eine schnellwüchsige Kletterpflanze handelt, benötigt er ein stabiles Rankgerüst, z. B. ein Rankgitter, oder eine Pergola. Alternativ können Sie ihn an langen Drähten ziehen, die als Kletterhilfe dienen. Schneiden Sie abgestorbene Pflanzen ab und überprüfen Sie das Rankgerüst im Herbst oder Winter.

ERNTE

Schneiden Sie junge Triebe im Frühjahr. Blüten und Blattranken werden im Herbst geerntet und zum Trocknen aufgehängt.

HIPPES GEBRÄU

Kleine Brauereien und Craft-Beer-Produzenten experimentieren zur Herstellung besonders geschmacksintensiver Biere mit unterschiedlichen Hopfensorten und haben insbesondere in den USA einen Boom im Hopfenanbau ausgelöst.

Ysop

Hyssopus officinalis

Ysop ist ein mehrjähriger, nahezu immergrüner Halbstrauch, der sich zu einer hübschen niedrigen Hecke trimmen lässt. Möchte man weiße Blüten, fällt die Wahl auf *H. officinalis* 'Albus'. Für rosafarbene Blüten wählen Sie am besten *H. officinalis* 'Roseus'.

⚠ In der Schwangerschaft meiden. Das ätherische Öl kann epileptische Anfälle hervorrufen.

Familie: Lamiaceae

Wuchshöhe: 60 cm

Wuchsbreite: 90 cm

Härtezone: 6

VERWENDUNG

Ysopblätter eignen sich wegen ihres intensiven Geschmacks nach Minze, Rosmarin und Salbei mit zitronigen Komponenten hervorragend zum Kochen. Man kann ihn als Teil eines *Bouquet garni* (Kräutersträußchen) oder ohne weitere Kräuterzugaben zu fast allen Fleisch- und Fischgerichten und auch in Suppe und Eintopf verwenden. Ebenso gut eignet er sich zum Aromatisieren von Zuckersirup für Fruchtspeisen. In Nordamerika wird er zum Verfeinern von Obstkuchen (meist im Kombination mit Cranberrys) verwendet. Die getrockneten Blätter können Sie zu einem Tee aufgießen.

KULTIVIERUNG

Der Anbau erfolgt in durchlässigem Boden in voller Sonne. Hecken im Frühjahr trimmen und auch einzelne Pflanzen im Frühjahr stark zurückschneiden, um einen Neuaustrieb anzuregen. Ob als Hecken- oder Einzelpflanze, alle werden nach der Blüte getrimmt.

ERNTE

Pflücken Sie nach Bedarf frische Blätter zum unmittelbaren Verzehr oder zum Trocknen.

REINIGENDE WIRKUNG

Wie viele andere Kräuter ist auch Ysop schon seit Urzeiten bekannt. Er wird bereits in der Bibel erwähnt (z. B. in Psalm 51,9), wo ihm reinigende Eigenschaften zugesprochen werden.

Lorbeer

Laurus nobilis, auch bekannt als Edler Lorbeer oder Gewürzlorbeer

Familie: Lauraceae

Wuchshöhe: 15 m

Wuchsbreite: 10 m

Härtezone: 8

Lorbeer wurde sowohl von den Alten Griechen als auch von den Alten Römern geschätzt, was bis hin zu seiner Verwendung als Auszeichnung für eine besonders hervorragende Leistung reichte: Athleten und Politiker trugen seine zu einem Kranz geflochtenen Blätter. Auch der Titel „Laureat“ (eine mit einem Preis, z. B. dem Literatur- oder Nobelpreis, ausgezeichnete Person) leitet sich davon ab. Die Bezeichnung *Laurus* stammt vom Lateinischen *laudare* für loben. Und *nobilis* bedeutet „edel“.

VERWENDUNG

Frische oder getrocknete Lorbeerblätter würzen verschiedenste herzhafte Gerichte sowie Nachspeisen auf Frucht- oder Sahnebasis. Die Blätter selbst werden jedoch nicht gegessen. Darüber hinaus gehört Lorbeer zu den traditionellen Kräutern des *Bouquet garni* (Kräutersträußchen).

KULTIVIERUNG

Zwar kann sich Lorbeer zu einem großen Gehölz entwickeln, er lässt sich aber leicht stutzen und im Zaum halten. Bevorzugt wächst er in durchlässigem Boden und voller Sonne, gedeiht jedoch auch im Halbschatten. Zur Erhaltung der Form wird er im Frühjahr ausgelichtet. Zudem können Sie Lorbeer auch als Formschnitt-Bäumchen ziehen (siehe „In Form geschnittene Kräuter“, Seite 110).

ERNTE

Frische Blätter können Sie ganzjährig pflücken, da die Pflanze immergrün ist. Zweige zum Trocknen schneiden Sie ebenso nach Bedarf.

SCHUTZKRAUT

In der griechischen Mythologie verwandelten die Götter Daphne in einen Lorbeerbaum, um sie vor Apollo zu schützen. Und Culpeper schrieb dem Lorbeer eine schützende Wirkung gegen Hexenzauber zu.

Echter Lavendel

Lavandula angustifolia, auch bekannt als Schmalblättriger Lavendel

Der Echte Lavendel ist als Kraut und Zierpflanze allseits bekannt. Achten Sie darauf, für die Verwendung in der Küche nur Echten Lavendel (*L. angustifolia*) zu pflanzen. Schopflavendel (*L. stoechas*) wird als Duftpflanze genutzt, eignet sich, da er giftig ist, jedoch nicht für den Verzehr.

Familie: Lamiaceae

Wuchshöhe: 1 m

Wuchsbreite: 1 m

Härtezone: 5

VERWENDUNG

Frische oder getrocknete Blütenknospen werden wegen ihres Wohlgeruchs und zum Dekorieren von Backwaren und Cocktails verwendet (siehe „Kräuter für Cocktails“, Seite 104). Mit den Blättern und knospigen Stängeln lassen sich süße und herzhafte Gerichte (exzellent zu Lammbraten) verfeinern. Getrocknete Blüten eignen sich hervorragend für Duftsäckchen, um Bettwäsche zu beduften oder Kleidermotten abzuwehren, sowie als Füllung für Schlaf fördernde Aromakissen. Das aus den Blüten destillierte Öl ist oft Bestandteil von Parfüms und kosmetischen Produkten.

KULTIVIERUNG

Lavendel liebt durchlässigen Boden in voller Sonne. Je nährstoffreicher und feuchter der Boden, desto buschiger wird die Pflanze – allerdings auf Kosten der Duftintensität des Öls in Blättern und Blüten. Der Rückschnitt erfolgt nach der Blüte bis knapp oberhalb der Stelle, wo die Zweige von Braun zu Grün übergehen.

ERNTE

Schneiden Sie die Blütenstiele, sobald die Knospen aufblühen. Verwenden Sie sie frisch, oder hängen Sie sie als Sträußchen kopfüber zum Trocknen auf. Zum Aufbewahren streifen Sie die getrockneten Knospen ab.

LAVENDELARTEN UND KULTURSORTEN

Kompakt wachsende Pflanzen, die sich für Beeteinfassungen eignen, sind *L. angustifolia* 'Hidcote', *L. a.* 'Imperial Gem' und *L. a.* 'Munstead'. Eine weißblühende Sorte ist *L. a.* 'Nana Alba' und eine gute pinkfarbene Kultursorte heißt *L. a.* 'Loddon Pink'. Hinsichtlich anderer *L.-angustifolia* -Kultursorten überwiegen Farben von Blau bis Violett mit nur geringen Unterschieden im Duft. Die Parfümindustrie verwendet überwiegend Lavandin (*L.* x *intermedia*). Diese Pflanze hat längere Blütenstängel und einen intensiveren Duft. *L. stoechas* und *L. dentata* sind weniger winterhart als der Echte Lavendel und Lavandin und werden nur als Zierpflanzen genutzt.

Kräuter trocknen

Bei zahlreichen Kräutern liefern die frischen Blätter das bessere Aroma oder den besseren Duft, doch getrocknete, selbst gezogene Kräuter können vor allem in den Wintermonaten, wenn frische Kräuter Mangelware sind, ein guter Ersatz sein.

DIE GRUNDLAGEN

- Ernten Sie die Kräuter stets an einem trockenen, vorzugsweise sonnigen Tag, sodass die Blattoberflächen trocken sind.
- Hängen Sie Blütenstiele kopfüber auf, damit sie gerade trocknen und nicht unter der Last der Blütenköpfe krumm werden.
- Hängen Sie die Kräuter in kleinen Bündeln mit jeweils ausreichend Zwischenraum für die Luftzirkulation auf.
- Hängen Sie sie zum Trocknen an einem kühlen, trockenen Ort auf.
- Lagern Sie nur vollständig durchgetrocknete Kräuter. Selbst die geringste, noch in den Kräutern vorhandene Feuchtigkeit kann sie im verschlossenen Glas schimmeln lassen.
- Bewahren Sie getrocknete Kräuter zum Erhalt der Frische in einem luftdicht verschlossenen Glas oder in einer Blechdose auf, und verbrauchen Sie sie innerhalb eines Jahres.

WEITERE MÖGLICHKEITEN

Die üblichen Kräuterklassiker für kulinarischen Genuss, wie Thymian, Salbei, Oregano und Rosmarin, sind gute Kandidaten zum Trocknen. Nach dem Trocknen kann man sie zerkleinern (um sie zur Verwendung in Soßen und allerlei Speisen zur Hand zu haben) und dann entweder sortenrein oder als getrocknete Kräutermischung aufbewahren. Die Zusammensetzung der klassischen *Herbes de Provence* (Kräuter-der-Provence-Mischung) variieren je nach Hersteller und enthalten in der Regel Rosmarin, Thymian, Majoran oder Oregano und Bohnenkraut.

- Oregano kann man als Stängel schneiden, wenn die Blüten gerade aufblühen. Anschließend als ganze Stängel getrocknet aufbewahren und die Blüten und Blätter in das jeweilige Gericht rebeln.
- Um Echten Lavendel für Blumenarrangements oder den Kochtopf zu trocknen, schneiden Sie die Stängel, sobald die ersten Knospen aufblühen. Nach dem Trocknen können Sie sie für Kräuter- oder Blumensträuße verwenden oder die Knospen abrebeln und in einem Glas aufbewahren, um sie in Duftsäckchen zur Mottenabwehr oder in der Küche zu verwenden.
- Gemischte Kräutersträußchen kann man als *Bouquet garni* in Eintöpfen, Brühe und Schmorgerichten mitkochen oder als duftende Kaminanzünder verwenden.

3

1. Ernten Sie Blätter und Blüten von guter Qualität an einem trockenen Tag. Schneiden Sie die Stängel lang genug, damit sich die einzelnen Bündel komfortabel binden lassen.
2. Fassen Sie die Kräuter zu kleinen Bündeln zusammen. Verwenden Sie dafür Bindegarn oder Juteschnur, damit die Feuchtigkeit an der Bindestelle entweichen kann.
3. Hängen Sie die Kräuterbündel an einem kühlen, trockenen Ort auf, bis sie vollständig durchgetrocknet sind.
4. Streifen Sie Lavendelknospen nach dem Trocknen von den Stängeln.

Liebstöckel

Levisticum officinale, auch bekannt als Maggikraut

Der einst als Diuretikum und Aphrodisiakum verwendete Liebstöckel eignet sich gut als Hintergrundpflanze in der Rabatte. Er ist die einzige Art in seiner Gattung.

⚠ In der Schwangerschaft meiden

Familie: Apiaceae

Wuchshöhe: 2 m

Wuchsbreite: 1 m

Härtezone: 4

VERWENDUNG

Liebstöckelblätter können Sie in Suppen, Eintöpfen oder Brühe mitkochen oder in Bratenfüllungen geben. Die Blattstiele lassen sich blanchieren und wie Gemüse verzehren (sie schmecken ähnlich wie Sellerie) oder kandieren. Die Samen gibt man sparsam als Gewürz an Brot sowie Suppen und Eintöpfe.

KULTIVIERUNG

Pflanzen Sie Liebstöckel in nährstoffreichen, feuchten Boden in volle Sonne oder Halbschatten. Wollen Sie sie nicht für die Samenernte nutzen, so können Sie die Stiele nach der Blüte zur Förderung eines blattreichen Neuaustriebs abschneiden. Im Herbst erneut zurückschneiden, wenn die Stiele abgestorben sind.

ERNTE

Pflücken Sie frische Blätter nach Bedarf. Schneiden Sie die Stiele im Frühjahr, wenn sie am zartesten sind. Ernten Sie die Samen während der Reifezeit (siehe Seite 68).

LIEBESZAUBER

Im Mittelalter galt Liebstöckel als Aphrodisiakum, vielleicht wegen seiner desodorierenden Eigenschaften!

Zitronenmelisse

Melissa officinalis

Diese buschige, sehr anspruchslose Pflanze ist bei Bienen äußerst beliebt. Sie haben ihr vermutlich zu ihrem Namen verholfen, denn *melissa* ist das griechische Wort für „Honigbiene". Eine Limettenvariante, *M. o.* 'Limoni', sieht ähnlich aus, hat aber pelzigere Blätter und ein ausgeprägtes Zitrusaroma.

Familie: Lamiaceae

Wuchshöhe: 1 m

Wuchsbreite: 50 cm

Härtezone: 4

VERWENDUNG

Die frischen Blätter schmecken im Salat und können als Tee aufgebrüht werden. Sie werden zur traditionellen Herstellung des bekannten Karmeliterwassers *Eau de Mélisse des Carmes Boyer* (Kräuterelixier) verwendet. Sie können damit auch Fruchtcocktails aromatisieren. Die getrockneten Blätter sind bestens geeignet für Schlaf fördernde Aromakissen.

KULTIVIERUNG

In feuchten, nährstoffreichen Boden in volle Sonne oder Halbschatten pflanzen. Nach der Blüte bodentief zurückschneiden, um einen Neuaustrieb anzuregen und großflächiges Aussamen zu verhindern. Im Herbst zurückschneiden, wenn die Stiele abgestorben sind.

ERNTE

Pflücken Sie die frischen Blätter nach Bedarf. Zum Trocknen von Zitronenmelisse schneidet man die Stängel zu Blühbeginn ab und hängt sie auf.

FÜR GUTE LAUNE

Der Zitronenmelisse wird eine stimmungsaufhellende Wirkung nachgesagt. Sie wird meist als Tee verabreicht.

Minze

Mentha-Arten

Die Minze gehört wohl für die meisten Menschen zu den unverzichtbaren Kräutern. Sie sind in unserem Alltag überall präsent: Nach ihr schmeckt die Zahnpasta, aber auch die Minzsoße zum Lammbraten, der klassische Kräutertee oder der Cocktail. Die Arten und Kultursorten der Minze-Familie beschränken sich jedoch nicht nur auf Nuancen des Minze-Aromas, sondern bieten eine ganze Palette zusätzlicher Geschmacksrichtungen, die von Erdbeere über Schokolade bis hin zu Ingwer reichen.

VERWENDUNG

Mit den frischen Blättern werden zahlreiche süße und herzhafte Gerichte und Getränke gewürzt. Das aus den Blättern destillierte Öl verleiht Speisen und Getränken ein typisches Aroma und findet als Duftstoff in kosmetischen sowie vielen weiteren Produkten Verwendung. Manchen Minzen wird eine verdauungsfördernde Wirkung und Linderung bei Magenverstimmungen nachgesagt. Pfefferminztee (aus frischen oder getrockneten Blättern) wurde lange Zeit als Digestif getrunken.

KULTIVIERUNG

Pflanzen Sie Minze in feuchten, nährstoffreichen Boden im Halbschatten oder in voller Sonne. Sie breitet sich durch kriechende Rhizome (oberirdische Wurzelausläufer) schnell aus und kann, wenn man ihr nicht Einhalt gebietet, leicht überhandnehmen. Dagegen ist die Pflanzung in einen großen Kübel, Pflanzcontainer oder einem speziellen Hochbeet eine gute Maßnahme. Ein bodentiefer Rückschnitt nach der Blüte sorgt für frischen Blattaustrieb. Im Herbst wird nach dem Absterben der Stängel nochmals bodentief zurückgeschnitten.

ERNTE

Pflücken Sie frische Blätter nach Bedarf. Kleine Pflanzenableger können im Topf auf einer sonnigen Fensterbank überwintern und bis ins Frühjahr hinein für frische Blätter sorgen. Die Stängel werden unmittelbar vor der Blüte geschnitten und zum Trocknen aufgehängt.

BEKANNTE ARTEN UND KULTURSORTEN

Viele Minzen werden – wie etwa die Ingwerminze – nach ihrem Aroma benannt. Achten Sie beim Kauf darauf, dass die Blätter wie angegeben riechen.

M. × gracilis (Ingwerminze)
Hat glatte Blätter und rötlich gefärbte Stiele. Ihr Geschmack erinnert an Basilikum und ist milder als der anderer Minzearten. Passt gut zu Tomaten und Früchten.

M. × piperita (Pfefferminze)
Die wegen ihrer medizinischen Eigenschaften am häufigsten verwendete Minze. Sie hat violett gefärbte Blätter und dunkelviolette Stiele. Pfefferminze hat einen sehr beruhigenden Effekt auf die Verdauung.

M. × *piperita* f. *citrata* 'Basil'
Die meisten Minzearten mit besonderer Geschmacksnuance gehören zur Art der *M.* × *piperita* f. *citrata*. Neben dieser Minze mit Basilikumnote lohnt es sich, auch nach Schokoladen- und Zitronenminze Ausschau zu halten.

M. × *piperita* f. *citrata* 'Variegata'
Eine der beiden wichtigsten panaschierten Minzearten (bei der anderen handelt es sich um *M.* × *gracilis* 'Variegata'). Sie hat dunkelgrün- und cremeweiß panaschierte Blätter.

M. pulegium (Polei)
Die niedrig wachsende, kriechende Poleiminze enthält das Leber schädigende Gift Pulergon und sollte daher nur mit Vorsicht frisch verzehrt oder innerlich eingesetzt werden. Sie wurde früher auf langen Seereisen zur Aufbereitung des Wassers verwendet. Getrocknet kann man sie zur Abwehr von Mäusen und Insekten nutzen.

EIN SEHR VIELFÄLTIGES KRAUT
Schon Culpeper schrieb, dass man Minze, wenn man sie einmal in den Garten gepflanzt hat, kaum wieder loswird. Diesem Nachteil standen jedoch ihre vielfältigen traditionellen Verwendungsmöglichkeiten entgegen, u. a. die Wirkung gegen den „Biss eines tollwütigen Hundes", wenn man sie mit Salz anwendete. Er erwähnt auch ihren beruhigenden Effekt auf die Verdauung: „Für den Magen ist sie sehr von Nutzen." Dies bezog er allerdings auf die Grüne Minze (*M. spicata*). Über die Wald- oder Rossminze (wahrscheinlich *M. longifolia*) äußerte Culpeper, dass der Verzehr dieser Art ausgesprochen schlecht für die Wundheilung sei.

M. requienii (Korsische Minze)
Die kleine Pflanze wächst nicht höher als einen Zentimeter und bildet dichte, großflächige Teppiche.

M. spicata (Grüne Minze oder Speer-Minze)
Diese Pflanze können Sie für die Zubereitung von Minzsoße verwenden. Julep- und Mojito-Cocktails werden meist mit Grüner Minze serviert.

M. spicata var. *crispa* 'Marokko'
Für den intensivsten und wohlschmeckendsten Minztee pflanzen Sie am besten Marokkanische Minze. Ihre Blätter sitzen dicht an dicht an den Stängeln, sodass man für eine Tasse nur einen kurzen Stängelabschnitt benötigt.

M. 'Erdbeerminze'
Sie ist unter verschiedenen Bezeichnungen bekannt, beispielsweise auch als *M.* × *piperita* 'Erdbeere', und zierlicher als andere Kultursorten. Ihre hellgrünen Blätter duften intensiv nach Erdbeeren.

M. suaveolens (Apfelminze, Rundblättrige Minze)
Eine der besten Minzesorten für Kräuter- oder Blumensträuße. Ihre silbergrauen, pelzigen Blätter wachsen an hohen Stängeln. Weiß-grün panaschierte Blätter hat die wegen ihres süß-fruchtigen Dufts auch als „Ananasminze“ bekannte Form.

Kräuter für die Dachbegrünung

Gründächer bieten eine großartige Möglichkeit, Pflanzen und Wildtiere ins urbane Umfeld zu holen. Sie haben als Dachbegrünung eine Reihe von Vorteilen für das jeweilige Gebäude wie eine verbesserte Isolierung und einen verzögerten Regenwasserabfluss. Während ein extensives Gründach eine gezielte Planung sowie zahlreiche bautechnische Überlegungen erfordert, die Sie am besten in die Hand einer Fachperson geben, können Sie ein kleineres Projekt – wie das Dach eines Nebengebäudes im Garten oder ein Schuppendach – durchaus selbst realisieren. Auch auf einem Gründach lassen sich all die Kräuter pflanzen, die Sie wegen ihres Dufts und (falls sich das Dach in Reichweite befindet) zum Verzehr anbauen wollen.

Im Folgenden soll grundlegend auf das Konzept eines Gründachs eingegangen werden und eine Auswahl möglicher Pflanzen wird vorgestellt. Eingehendere technische Details für die Konstruktion eines Gründachs entnehmen Sie bitte spezieller Fachliteratur, oder wenden Sie sich gleich jemanden vom Fach.

Ein kleines Gründach, auf dem Kräuter gedeihen können, muss mindestens 10 bis 20 Zentimeter Wurzelraum bieten. Möglich wird dies durch die Verwendung eines Gitters oder eines Wabenrasters aus Kunststoff (oder aus Holz, doch Holz verrottet, hat ein höheres Eigengewicht und kann sich schlimmstenfalls mit Wasser vollsaugen). In die Kammern der Kunststoffelemente füllt man Kompost und setzt die Pflanzen hinein. Unterhalb des Vegetationssubstrats müssen eine Schutzschicht gegen Wassereintritt und auch ein Durchwurzelungsschutz eingebaut werden sowie eine Filter- und Entwässerungsschicht, damit sich die Anzuchterde nicht mit Wasser vollsaugt, was zum Absterben der Pflanzen führt.

Ganz gleich, welche Pflanzen auf einem Gründach wachsen, es wird sich zu einem willkommenen Lebensraum für Insekten entwickeln und somit auch zu einer wichtigen Nahrungsquelle für Vögel. Blühende Arten liefern wertvollen Nektar für bestäubende und andere Insekten wie Bienen, Schmetterlinge und Schwebfliegen. Trockenheitstolerante Pflanzen gedeihen am besten. Sie sollten je nach Lage des Dachs für Sonne oder Schatten geeignet sein. In Abhängigkeit von den ausgewählten Pflanzen ist der Pflegeaufwand minimal. Ein ein- oder zweimaliger Rückschnitt pro Jahr zum Entfernen alter Stängel und Ähren höherer wachsender Arten reicht bereits aus. Falls die Zugänglichkeit des Dachs ein Problem darstellt, wählen Sie am besten Pflanzen, die nach der Pflanzung nur minimaler oder gar keiner Pflege bedürfen.

FÜR GRÜNDÄCHER GEEIGNETE KRÄUTER

Römische Kamille (*Chamaemelum nobile*)

Schnittlauch (*Allium schoenoprasum*)

Kriechender Rosmarin (*Salvia rosmarinus*, 'Prostratus'-Gruppe), wenn tiefe Pflanzkammern möglich sind.

Echter Lavendel (*Lavandula angustifolia*)
Verwenden Sie kompakte Sorten wie 'Hidcote' und 'Nana Alba', wenn tiefe Pflanzkammern möglich sind.

Schafgarbe (*Achillea ageratum*)

Oregano (*Origanum vulgare*), kompakte oder kriechende Formen

Thymian (*Thymus*-Arten)
Alle Arten sind ideal, wobei ein reines Thymiandach eine ausgezeichnete Wahl ist.

Goldmelisse

Monarda didyma, auch bekannt als Indianernessel oder Monarde

Die Monarde wird häufig in Zierrabatten gepflanzt. Ihre zahlreichen Hybride haben quirlständige Blüten, meist in leuchtenden Farben – von Rot- und Pinktönen bis hin zu und Violett –, während die Blüten der echten Form von *M. didyma* scharlachrot sind.

Familie: Lamiaceae

Wuchshöhe: 1,25 m

Wuchsbreite: 50 cm

Härtezone: 4

VERWENDUNG

Frische oder getrocknete Blätter können Sie in Getränke, einschließlich Tee und eisgekühlte Drinks, geben. Tee verleihen sie einen Earl-Grey-ähnlichen Geschmack. Frische Blüten lassen sich auch als essbare Garnitur verwenden oder über Salate streuen.

KULTIVIERUNG

In volle Sonne und nährstoffreichen, feuchten Boden pflanzen. Trockene Bedingungen haben schnell Mehltau auf den Blättern zur Folge. Abgestorbene Stängel im Herbst oder im späten Winter zurückschneiden.

ERNTE

Frische Blätter und Blüten nach Bedarf ernten. Wenn Sie Blätter zum Trocknen ernten wollen, schneiden Sie Stängel ab, bevor die Pflanze blüht, und hängen sie kopfüber auf. Wer getrocknete Blüten ernten will, schneidet die Stängel, wenn sie in voller Blüte stehen.

SÜSSER NEKTAR
Goldmelisse ist eine interessante und obendrein wichtige Wirtspflanze für zahlreiche Bestäuberinsekten.

Muskatnuss

Myristica fragrans, auch bekannt als Jatiphala (aus dem Sanskrit)

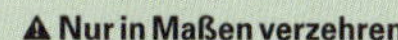

⚠ Nur in Maßen verzehren!

Familie: Myristicaceae

Wuchshöhe: 20 m

Wuchsbreite: 8 m

Härtezone: 13

Der tropische Muskatnussbaum ist eine wichtige Nutzpflanze in Sri Lanka und Indonesien. In gemäßigten Klimazonen wird er aufgrund seiner Größe als Zimmerpflanze kaum Früchte tragen. Seine aromatisch riechenden, immergrünen Blätter und sein buschiger Habitus machen ihn jedoch auch als kleineres Exemplar attraktiv.

VERWENDUNG

Geriebene Muskatnuss ist sehr beliebt zum Würzen von süßen wie herzhaften Gerichten. Besonders gut schmeckt sie zu Spinat und in Sahnesoßen. Mazis, die Muskatblüte, verwendet man in der Regel ganz, um Gerichten eine dezente Muskatnote zu verleihen. Beide Formen sind in der Gewürzmischung Ras el-Hanout enthalten. Verzehrt man aber zu viel von Muskatnuss oder -blüte, kann dies zu Halluzinationen und – bei starker Überdosierung – zu einer Vergiftung führen.

KULTIVIERUNG

Der Muskatnussbaum gedeiht am besten in durchlässigem, sandigem, aber nährstoffreichem Boden in sehr feuchtem und warmem Klima. Exemplare, die drinnen kultiviert werden, hält man durch Beschneiden in Form.

ERNTE

Sind die Früchte reif, platzt die Umhüllung auf. Man entfernt den Samenmantel (Mazis) sowie den Samenkern (Muskatnuss) und lässt sie vor dem Aufbewahren vollständig durchtrocknen.

MUSKATNUSS UND MACIS

Der Muskatnussbaum liefert doppelten Ertrag. Die goldenen Früchte reifen und platzen auf, sodass die Mazis zum Vorschein kommt, eine rote Ummantelung (Samenmantel), die die braune Muskatnuss umhüllt. Ist das Aroma der beiden Gewürze auch ähnlich, so variiert jedoch die Konzentration – und folglich auch die Intensität – der enthaltenen ätherischen Öle. Das Fruchtfleisch wird für Fruchtgelees oder Sirup verwendet und kann auch kandiert sowie eingelegt werden.

Süßdolde

Myrrhis odorata, auch bekannt als Aniskerbel, Myrrhenkerbel oder Spanischer Kerbel

Sie ist die einzige Art ihrer Gattung. Früher wurde die Süßdolde vielfältig genutzt: vom vorbeugenden Mittel gegen die Pest bis hin zum Bestandteil von Möbelpolitur. Sie macht ihrem „süßen“ Namen alle Ehre und kann auch als Zuckerersatz dienen, z. B. in Fruchtspeisen – besonders zu Rhabarber, dessen erste Stängel im zeitigen Frühjahr zur gleichen Zeit sprießen wie die jungen Süßdoldenblätter.

Familie: Apiaceae

Wuchshöhe: 1,5 m

Wuchsbreite: 1 m

Härtezone: 5

VERWENDUNG

Die Blätter lassen sich frisch im Salat zubereiten oder in Fruchtspeisen sowie herzhaften Gerichten mitkochen, denen sie natürliche Süße und ein mildes Anisaroma verleihen. Gekochte Süßdoldenwurzeln können Sie warm oder kalt verzehren oder zu Wein verarbeiten. Unreife Samen passen zu Desserts, Salaten oder Pfannengerührtem. Mit trockenen, reifen Samen kann man Fleisch einreiben und Backwaren würzen.

KULTIVIERUNG

Die Süßdolde gedeiht in nährstoffreichem, feuchtem Boden, der für ihre lange Pfahlwurzel tief genug ist – im Halbschatten oder sogar im vollen Schatten. Nach der Blüte wird sie zur Förderung eines Neuaustriebs zurückgeschnitten. Abgestorbenes Laub schneidet man im Herbst oder späten Winter zurück.

ERNTE

Pflücken Sie frische Blätter nach Bedarf. Man kann sie auch trocknen, um sie später zu verwenden, wenn man kein frisches Kraut zur Verfügung hat. Unreife Samen sind grün, nach der Samenreife verfärben sie sich dunkelbraun. Die Wurzeln werden im Herbst ausgegraben. Lassen Sie jedoch einige stehen, damit diese im folgenden Frühjahr neu austreiben.

SÜSSES CRUMBLE

Wollen Sie Süßdolde in einem Gericht mit Rhabarber verwenden, so hacken Sie die Blätter sehr fein und geben sie an die Fruchtmasse. Nehmen Sie anstelle von Zucker die gleiche Menge Blätter.

Myrte

Myrtus communis

Myrte kann zu einer attraktiven Hecke oder einem Solitärstrauch gezogen werden. Diesc ursprünglich aus dem Mittelmeerraum stammende Pflanze mag nasskalte Witterungsbedingungen nicht, toleriert aber Küstenklima. Es gibt sie als Zwergmyrte sowie panaschiert oder mit gefüllten Blüten.

Familie: Myrtaceae

Wuchshöhe: 2,5 m

Wuchsbreite: 2,5 m

Härtezone: 10–11

VERWENDUNG

Dieses Kraut eignet sich für kräftige Geschmacksrichtungen wie dunkles Fleisch und Wildgerichte, vor allem, wenn es auf offenem Feuer oder dem Grill gebraten wird. Verwenden Sie die Blätter oder die trockenen Beeren zum Einreiben des Fleischs. Letztere sind ein guter Wacholderbeeren-Ersatz. Beeren, Blätter und Blüten ergeben einen aromatischen Likör.

KULTIVIERUNG

Pflanzen Sie Myrte in die volle Sonne und durchlässigen Boden. Nasser Boden im Winter senkt ihre Überlebenschancen bei niedrigen Temperaturen. Im Frühjahr trimmen, um das im Winter abgestorbene Laub zu beseitigen und einen Neuaustrieb in gewünschter Form zu fördern.

ERNTE

Pflücken Sie frische Blätter nach Bedarf, über die Wintermonate jedoch zurückhaltend. Ernten Sie Mitte des Sommers die Blätter zum Trocknen oder Konservieren in Öl. Die Beeren sind reif, wenn sie eine violett-schwarze Farbe haben. Trocknen Sie sie an einem warmen Ort, etwa in einem Schranktrockner oder auf einer sonnigen Fensterbank. Luftdicht verschlossen aufbewahren.

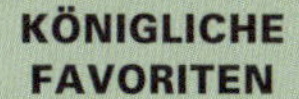

KÖNIGLICHE FAVORITEN

Die Beeren der nahen Verwandten *Ugni molinae* (syn. *Myrtus ugni* Mol.) – bekannt als Chilenische Guave – waren einst das Lieblingsobst von Queen Victoria.

Basilikum

Ocimum-Arten, auch bekannt als Basilienkraut oder Königskraut

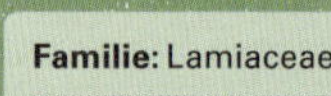

Familie: Lamiaceae

Wuchshöhe: 30–60 cm

Wuchsbreite: 20–30 cm

Härtezone: 10

Basilikum wird hierzulande zwar mit der italienischen Küche assoziiert, doch es stammt eigentlich aus Asien und Afrika. Es vereint zahlreiche ätherische Öle mit Noten von Anis, Rose, Thymian und Nelke, und bestimmte Kultursorten überraschen sogar mit mehr oder weniger intensiven Zimt- oder Zitronenkomponenten. Manche mögen den Duft von Basilikum lieber als seinen Geschmack. Seinen flüchtigen Charakter einzufangen ist schwierig: Der Spitzenkoch Heston Blumenthal entwickelte ein Basilikum-Spray, mit dem er die Umgebungsluft von Restaurantbesuchern beduftete, während sie Pizza aßen – statt die Pizza mit Basilikumblättern zu garnieren.

VERWENDUNG

Meist werden nur die Blätter verwendet. Man isst sie am besten frisch oder gibt sie kurz vor Ende der Garzeit an gekochte Gerichte, um ihr einzigartiges Aroma und ihren Duft zu erhalten. Basilikum ist die gängigste Komponente eines Pestos. Seine Blätter würzen viele italienische Pasta-Gerichte, Salat und Pizza. Mit den Blüten können Sie sowohl herzhafte als auch süße Gerichte verzieren. In Hindu-Kulturen wird Basilikum wegen seiner Schutzwirkung auf Tempel und Wohnhäuser angebaut. Nüchterner betrachtet, kann man die Zweige zur Abwehr von Mücken und anderen Stechinsekten aufhängen.

KULTIVIERUNG

Die Pflanzen benötigen Hitze und reichlich Sonne zum Gedeihen und werden in kühl-gemäßigten Klimazonen am besten unter Schutz oder auf einer sonnigen Fensterbank gezogen. Sie bevorzugen lockeren, durchlässigen Boden. Die einjährigen Arten (die meisten Basilikum-Küchenkräuter) werden jedes Jahr neu ausgesät. Alte Pflanzen wandern in den Kompost. Empfindliche Mehrjährige wie 'African Blue' können in einem beheizten Gewächshaus oder als Stecklinge überwintern. Alle Pflanzen lassen sich durch regelmäßiges Abknipsen der Sprossspitzen zu einem buschigeren Wuchs anregen.

ERNTE

Pflücken Sie frische Blätter und Blüten nach Bedarf.

BEKANNTE ARTEN UND KULTURSORTEN

O. 'African Blue'
Obwohl ihre violett-grünen Blätter ein ausgeprägtes Basilikumaroma haben, verwendet man diese empfindliche Mehrjährige am besten als Zierkraut. Vom Hoch- bis in den Spätsommer hat sie violette Stängel und violett-blaue Blütenähren.

O. *basilicum*
Die meistkultivierten und bekanntesten Gartenbasilikum-Arten sind Einjährige mit mittelgrünen Blättern und weißen Blütenähren, die vom Hoch- bis in den Spätsommer erscheinen. *O. basilicum* 'Genovese' wird traditionell für Pesto verwendet. 'Neapolitaner Basilikum' (syn. 'Salatblättriges Basilikum') hat größere, krause Blätter. 'Purple Ruffles' ist ein rotes, krauses Basilikum, das eher ein Zierbasilikum mit krausen Blatträndern abgibt. 'Siam Queen' ist eine gute Wahl für Thai-Gerichte und verleiht den Speisen ein Anis- oder Lakritzaroma. Die Sorte 'Cinnamon' (Zimtbasilikum) hat einen zimtartigen Duft. Testen Sie beim Kauf durch Reiben der Blätter, ob der Duft der Blätter den Angaben auf dem Etikett entspricht.

O. × *citriodorum* (Zitronenbasilikum)
Dieses einjährige Basilikum hat dünnere Blätter als *O. basilicum* und einen angenehmen Zitrusduft, der gut zu Fisch- und Geflügelgerichten passt. Mit den Samen können Sie auch Wasser aromatisieren und es als Erfrischungsgetränk zu sich nehmen.

O. *minimum* (Griechisches Basilikum)
Die kompakteste aller Basilikumpflanzen mit kurzen, buschigen Stängeln und kleinen, intensiv duftenden Blättern ist eine einjährige Pflanze.

ABERGLAUBE
In alten Mittelmeerkulturen glaubte man, dass durch Fluchen beim Säen von Basilikum die Samenkeimungsrate steigen würde.

Majoran

Origanum marjorana, auch bekannt als Wurstkraut

Familie: Lamiaceae
Wuchshöhe: 60 cm
Wuchsbreite: 45 cm
Härtezone: 7

Der Majoran ist nahe verwandt – und leicht zu verwechseln – mit Oregano (*O. vulgare,* siehe gegenüber). Sowohl im Wuchs als auch im Geschmack ist er schwächer als sein großer Cousin. Trotzdem ist er wegen seines angenehm süßen, thymianartigen Aromas sehr beliebt. In kälteren Klimazonen lässt er sich gut als einjähriges Kraut anbauen oder in einem Topf im Gewächshaus überwintern.

VERWENDUNG

Blätter und Blüten (häufig als ganze Zweige) können Sie an Fleisch-, Fisch- und Tomatengerichte geben, vorzugsweise gegen Ende der Garzeit, damit sie ihr Aroma nicht einbüßen. Ganze Zweige eignen sich, um Öl und Essig zu aromatisieren (siehe „Öl, Essig, Spirituosen und Duftwasser", Seite 40).

KULTIVIERUNG

Majoran liebt durchlässigen, selbst trockenen Boden (nassen Boden über den Winter mag er hingegen nicht) und einen Platz in voller Sonne. Nach der Blüte schneidet man die Stiele zurück, um einen blattreichen Neuaustrieb anzuregen. Im zeitigen Frühjahr wird nochmals beschnitten, um Kränkelndes und Abgestorbenes zu entfernen und die Pflanze in Form zu halten.

ERNTE

Pflücken Sie frische Blätter und Blütenstiele nach Bedarf.

FRISCH GENIESSEN
Das zarte Majoran-Aroma kommt am besten zur Geltung, wenn Sie das Kraut frisch verwenden. Oregano ist eher zum Trocknen geeignet.

Oregano

Origanum vulgare, auch bekannt als Wilder Majoran

Die Unterscheidung von Oregano und Majoran (siehe gegenüber) wird dadurch erschwert, dass Oregano je nach Standort unterschiedliche Formen annimmt. Charakteristisch für die buschige Pflanze sind seine aufrechten (sich aber mitunter ausbreitenden) Stängel, die im Sommer schöne violett-rosafarbene Blüten tragen.

Familie: Lamiaceae
Wuchshöhe: 1 m
Wuchsbreite: 1 m
Härtezone: 5

VERWENDUNG

Die Blätter würzen Suppen, Eintöpfe und Bratenfleisch. Zudem schmecken sie gut zu Gerichten, die Knoblauch, Chilischoten oder Tomaten enthalten. Das kräftige Oregano-Aroma passt eher zu Winter- und Herbstgerichten als zu sommerlichen Speisen, allerdings kann man frische Blätter sparsam auch an Salat und Pizza geben. Mit seinen Blättern und Blütenstielen können Sie Tee oder Öl und Essig aromatisieren (siehe „Öl, Essig, Spirituosen und Duftwasser", Seite 40). Sein sehr scharfes Öl wird häufig als Aromazusatz und in kosmetischen Produkten (insbesondere in Herrendüften) verwendet.

KULTIVIERUNG

Dieses Kraut wächst am besten in warmen, sonnigen Lagen mit durchlässigem bis trockenem Boden. Die Pflanze unmittelbar nach der Blüte zurückschneiden, um den Neuaustrieb anzuregen.

ERNTE

Pflücken Sie frische Blätter und Blütenstiele nach Bedarf. Die Stängel können kurz vor der Blüte geschnitten und zum Trocknen aufgehängt werden, um im Winter Würze auf Vorrat zu haben.

SCHMUCK DER BERGE

Oregano leitet sich vom griechischen Wort für Berg oder Gebirge *oros* ab, was auf seinen bevorzugten Standort hinweist, sowie von *ganos,* was für Freude oder Schönheit steht.

PESTO

Pesto ist wohl die bekannteste aller Kräutersoßen und als Fertigprodukt in nahezu jeder Küche oder Speisekammer zu finden. Das hat jedoch den Nachteil, dass man gar nicht mehr weiß, aus welchen Zutaten es ursprünglich hergestellt wurde, vor allem, wenn die Grundversion aus Basilikum einfach als „Grünes Pesto" bezeichnet wird, wie es einige Hersteller inzwischen tun. Selbst das teuerste Glas Pesto aus dem Feinkostladen kann es nicht mit einem selbst gemachten Pesto aus frisch gepflückten Kräutern aufnehmen.

Hauptbestandteil von Pesto ist traditionell Basilikum, besonders von der Sorte 'Genovese', doch eigentlich sind vielerlei Kräuter- und Nusskombinationen möglich. Probieren Sie es doch einmal mit Petersilie anstelle von Basilikum und Walnüssen oder Haselnüssen statt der Pinienkerne für ein kräftig-kerniges Winterpesto. Aus Schnittlauch oder Bärlauch lassen sich ebenfalls ausgezeichnete, aromatische Varianten kreieren. Das folgende Pestorezept ergibt etwa 220 Gramm.

ZUTATEN

25 g Pinienkerne
100 g frische Basilikumblätter
1 Knoblauchzehe, zerdrückt
abgeriebene Schale einer ½ Bio-Zitrone
50–100 ml natives Olivenöl extra
50 g Parmesankäse, fein gerieben
Salz und Pfeffer nach Geschmack

ZUBEREITUNG

Die Kerne ohne Zugabe von Fett in einer Bratpfanne bei mittlerer Hitze unter ständigem Rühren anrösten, bis sie duften (das dauert maximal fünf Minuten). Pinienkerne und Basilikumblätter, Knoblauch und Zitronenschale in eine Küchenmaschine geben und pürieren, bis die Blätter fein zerkleinert sind. Anschließend 50 Milliliter Olivenöl dazugeben und zu einer Paste pürieren. Den Parmesan unterrühren und abschmecken. Weiteres Öl untermischen, um dem Pesto die gewünschte Konsistenz für den sofortigen Verzehr zu verleihen.

Soll das Pesto aufbewahrt werden, füllen Sie es in sterilisierte Gläser und gießen so viel Olivenöl darüber, dass die Oberfläche damit fünf bis zehn Millimeter hoch bedeckt ist. Das Öl konserviert das Pesto und verhindert, dass es sich braun verfärbt. Nach jeder Entnahme stets mit neuem Öl begießen. Luftdicht verschlossen im Kühlschrank aufbewahren und innerhalb eines Monats verbrauchen.

Klatschmohn

Papaver rhoeas, auch bekannt als Mohnblume oder Klatschrose

Die Samen des roten Klatschmohns auf unseren Kornfeldern liegen viele Jahre schlafend im Boden und keimen schließlich in der frisch gepflügten Erde. Werden sie mit oder in der Nähe von anderen einjährigen Mohnpflanzen gezogen, z. B. mit Schlafmohn (*P. somniferum*, aus dem Opium und Morphin gewonnen werden), können die Sämlinge unterschiedliche Blütenfarben haben.

⚠ Alle Teile bis auf die Samen sind giftig.

Familie: Papaveraceae

Wuchshöhe: 75 cm

Wuchsbreite: 20 cm

Härtezone: 3

VERWENDUNG

Die Samen können zum Backen von Brot und Kuchen sowie auch in herzhaften Gerichten verwendet werden. Frische oder getrocknete Samenkapseln sind ein attraktiver Blickfang in Blumen- oder Kräutersträußen.

KULTIVIERUNG

Klatschmohn liebt durchlässigen Boden in voller Sonne. Die Höhe ausgewachsener Pflanzen variiert mit den Standortbedingungen – je nährstoffreicher und feuchter der Boden ist, desto höher wird die Pflanze. Entfernen Sie abgestorbene Pflanzen im Herbst und säen Sie im Frühling neu aus (oder erlauben Sie den Pflanzen, sich selbst auszusamen).

ERNTE

Ernten Sie die Samenkapseln, indem Sie ganze Stängel abschneiden (siehe „Samen und Fenchelpollen ernten“, Seite 68).

VORSICHT BEIM SAMENKAUF

Die berauschenden Inhaltsstoffe des Schlafmohns führten in vielen Ländern dazu, dass sein Anbau – auch als Zierpflanze – genehmigungspflichtig ist. Achten Sie also darauf, dass es sich bei den Samen um *P. rhoeas* und nicht um *P. somniferum* handelt.

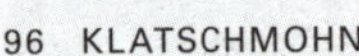

Duftpelargonie

Pelargonium, auch bekannt als Duftgeranie

Zwar werden sie manchmal auch „Geranien" genannt, eigentlich gehören Duftpelargonien aber zu einer Gruppe von *Pelargonium*-Hybriden, die verwandt sind mit den Edelpelargonien, den Zonalpelargonien sowie den efeublättrigen Pelargonien. Sie alle sind in kühl-gemäßigten Klimazonen gute Zimmerpflanzen oder in der warmen Jahreszeit und in wärmeren Klimazonen attraktive Pflanzen für den Innenhof. Es gibt sie mit verschiedensten Düften. Einfach zu identifizieren sind der Rosenduft (z. B. von 'Attar of Roses') und die Duftnoten von Limone, Zitrusfrüchten und Minze.

Familie: Geraniaceae

Wuchshöhe: 50–100 cm

Wuchsbreite: 50–100 cm

Härtezone: 11

VERWENDUNG

Mit den stark duftenden Blütenblättern können Sie Zucker, Sirup, Backwaren und Desserts aromatisieren. Die ätherischen Öle der Duftpelargonie werden für die Herstellung von Parfüm und Kosmetika genutzt.

KULTIVIERUNG

Ziehen Sie die Pflanzen in Töpfen mit leichter Komposterde oder (wo es die ganzjährigen Temperaturen erlauben) draußen in durchlässigem Boden. Sie bevorzugen volle Sonne, tolerieren aber auch lichten Schatten. Verblühte Blüten abknipsen. Im zeitigen Frühjahr werden die Pflanzen bis auf ein paar kurze Stängel zurückgeschnitten, damit sie ihre Form behalten.

ERNTE

Pflücken Sie frische Blätter nach Bedarf.

DUFTWUNDER

Duftpelargonien überraschen durch vielfältige Wohlgerüche, etwa nach Holz, Harz, Eukalyptus, Zimt, Lavendel, Kokosnuss, Apfel oder Schokolade.

Perilla

Perilla frutescens, auch bekannt als Shiso oder Schwarznessel

Die stark buschig wachsende Perilla ist eine attraktive einjährige Pflanze für das Sommerbeet. Ihre Blätter sind in der asiatischen Küche sehr beliebt. Zwar schmecken sie gar nicht ausgesprochen süß, enthalten jedoch Perillartin, das eine 2000-fach größere Süßkraft als herkömmlicher Zucker hat.

Familie: Lamiaceae

Wuchshöhe: 1 m

Wuchsbreite: 60 cm

Härtezone: 9–10

VERWENDUNG

Frische Blätter können Sie zum Garnieren und im Salat verwenden oder auch Fleisch vor dem Kochen damit umwickeln. Bei der Zubereitung von Pesto (siehe Seite 94) können Sie Basilikum durch Perilla ersetzen oder die Blätter sauer einlegen. Blütenknospen können (als Gemüse) frittiert werden. Getrocknete Samen verwendet man als Würzmittel oder als Keimsprossen im Salat.

KULTIVIERUNG

Perilla bevorzugt feuchten, nährstoffreichen Boden in voller Sonne, toleriert aber auch Halbschatten. Knipsen Sie die Sprossspitzen regelmäßig ab, um einen buschigen Wuchs zu fördern. Abgestorbene Pflanzen im Herbst entfernen und im Frühjahr neu aussäen.

ERNTE

Pflücken Sie frische Blätter und Blüten nach Bedarf. Samen ernten Sie nach der Samenreife (siehe „Samen und Fenchelpollen ernten", Seite 68).

KRÄUTER ALS BEETPFLANZEN

Perilla kommt als einjährige Sommerpflanze in der Gartengestaltung mehr und mehr zum Einsatz, da sie durch ihren kräftigen Wuchs den Boden schnell mit Blattgrün bedeckt. Die purpurfarbene, krausblättrige Variante, *Perilla frutescens* var. *crispa*, ist besonders eindrucksvoll und bildet einen schönen Kontrast zu rot-, orange- und gelbblühenden Pflanzen. Im Kräutergarten oder Topf lässt sie sich gut mit Ringelblumen *(Calendula officinalis)*, Chili *(Capsicum)* oder Kapuzinerkresse *(Tropaeolum majus)* kombinieren, oder man verwendet sie, um den Purpurton in Borretschblüten *(Borago officinalis)* zu betonen.

Vietnamesischer Koriander

Persicaria odorata, auch bekannt als Wohlriechender Knöterich oder Rau ram

Familie: Polygonaceae

Wuchshöhe: 45 cm

Wuchsbreite: 1,25 m

Härtezone: 11

Im Erscheinungsbild ist die mehrjährige wuchernde, zarte Pflanze, die einen aphrodisierenden Effekt haben soll, anderen *Persicaria*-Zierarten ähnlich. Ihre Stängel bilden bei Bodenkontakt an den Blattknoten schnell Wurzeln. Ziehen Sie die Pflanze am besten in einem Topf, den Sie zum Schutz vor kalter Witterung unterstellen können.

VERWENDUNG

Der Geschmack der Blätter variiert je nach Alter: Junge, frische Blätter erinnern stark an Koriander (siehe Seite 58), ältere haben einen wesentlich schärferen Geschmack. Man gibt sie an Salat, Geflügelgerichte und Eierspeisen.

KULTIVIERUNG

Die Pflanze liebt nährstoffreichen, feuchten Boden in voller Sonne oder im Halbschatten. Bei Topfkultur muss die Erde ständig feucht gehalten werden. Sich ausbreitende Stängel bei Bedarf zurückschneiden, abgestorbene ährige Blütenäste werden nach der Blüte entfernt.

ERNTE

Pflücken Sie frische Blätter nach Bedarf.

Vietnamesischer Koriander ist zwar mehrjährig, verträgt jedoch keinen Frost. Säen Sie ihn einfach jedes Frühjahr neu aus, wenn Sie im Winter drinnen für seinen üppigen Wuchs nicht genug Platz haben.

Petersilie

Petroselinum crispum, auch bekannt als Peterling oder Bittersilche

Familie: Apiaceae

Wuchshöhe: 50 cm

Wuchsbreite: 50 cm

Härtezone: 6

Nach einer alten Legende aus England wandern Petersiliensamen zwischen Aussaat und Keimung zehnmal zur Hölle und zurück. Da der Teufel bei jedem Besuch einige einbehält, sollte man zehnmal mehr Samen aussäen, als eigentlich benötigt. Heutzutage ist die Keimungsrate etwas zuverlässiger. Petersilie ist ein treuer Genosse – sowohl im Kräutergarten als auch in der Küche. *Petroselinum-crispum*-Arten haben krause Blätter. Wer eine glattblättrige Sorte haben möchte, wählt *P. crispum* var. *neapolitanum*.

VERWENDUNG

Streuen Sie frische Blätter (sparsam) über Salate, gehackt gehören sie traditionell in Gremolata, Pesto (siehe Seite 94), Grüne Soße, Taboulé, Persillade oder Chimichurri-Soße. Zu *Spaghetti alla puttanesca* (Spaghetti mit Sardellen) passt Petersilie besser als Basilikum. Blätter und Stiele können Sie in Soßen und Eintöpfen mitkochen und zum Würzen von Brühe verwenden.

KULTIVIERUNG

Petersilie ist zwar zweijährig, man zieht sie aber besser als einjährige Pflanze. Wenn Sie Folgesaaten vom Frühjahr bis in den Spätsommer säen, haben Sie ganzjährig frische Blätter zur Hand. Geben Sie Pflanzen in den Kompost, die schlapp werden, schwächeln oder älter als ein Jahr sind.

ERNTE

Pflücken Sie frische Blätter und Stängel nach Bedarf. Petersilie treibt auch nach mehrmaligem Rückschnitt immer wieder aus.

FÜR FRISCHEN ATEM

Kauen Sie ein paar Petersilienblätter nach dem Essen, das soll die Verdauung fördern und für frischen Atem sorgen.

Anis

Pimpinella anisum

Familie: Apiaceae

Wuchshöhe: 50 cm

Wuchsbreite: 30 cm

Härtezone: 4

Obwohl viele Kräuter dem Anis im Geschmack ähneln, bietet nur diese Pflanze das echte Anisaroma, das für all die süßen Lutschdragees und verschiedenen Liköre verwendet wird. Kräuter mit Doldenblüten sehen sich oft ähnlich. Achten Sie also darauf, dass es sich bei Ihrer Pflanze um Anis handelt, zumal manche andere Arten sogar giftig sind.

VERWENDUNG

Die Samen finden breitere Verwendung als die Blätter, etwa beim Backen, für Currys oder in Getränken, wie beispielsweise Ouzo oder Pastis. Anisblätter schmecken frisch zu Salat und können in Suppen und Gemüsegerichten mitgekocht werden.

KULTIVIERUNG

Volle Sonne und nährstoffreicher, sandiger oder durchlässiger Boden bekommen Anis am besten. Zum Ausreifen benötigen die Samen einen langen, heißen Sommer. Abgestorbene Pflanzen zum Ende der Wachstumsperiode entfernen und im folgenden Frühjahr wieder neu aussäen.

ERNTE

Pflücken Sie frische Blätter nach Bedarf. Ernten Sie die Samen nach der Samenreife (siehe „Samen und Fenchelpollen ernten“, Seite 68).

GARTENDUFT

Der intensive Geruch des Anis und seine chemischen Inhaltsstoffe machen das Kraut geeignet zur natürlichen Insektenabwehr, ziehen aber Mäuse und Ratten an.

Pfeffer

Piper nigrum, auch bekannt als Schwarzer Pfeffer

Pfeffer darf in der Küche oder auch bei Tisch nicht fehlen. Er stammt ursprünglich aus Indien, wächst als Kletterpflanze und trägt seine Beeren an kurzen Rispen. Grüne Pfefferkörner werden als unreife Beeren geerntet und frisch in Lake eingelegt, während schwarze unreif geerntet und anschließend getrocknet werden. Weiße Pfefferkörner erhält man, indem man die reifen Beeren erntet und sie für zwei Wochen wässert, damit das Fruchtfleisch aufweicht. Dieses wird entfernt – übrig bleibt der innenliegende Samen, ein weißes Pfefferkorn, das ebenfalls getrocknet wird.

Familie: Piperaceae

Wuchshöhe: 4 m

Wuchsbreite: 20 cm

Härtezone: 13

VERWENDUNG

Pfefferkörner – ob ganz oder gemahlen – würzen und aromatisieren praktisch jedes herzhafte Gericht und auch viele Süßspeisen.

KULTIVIERUNG

Lichter Schatten und hohe Luftfeuchtigkeit, dabei nährstoffreicher, durchlässiger Boden und tropische Bedingungen bekommen dieser Kletterpflanze am besten. Stützen Sie die Pflanze frühzeitig ab oder ziehen Sie sie an einem Gerüst. Zum Anregen des Fruchtansatzes schneidet man drei- bis viermal im Jahr die Ausläufer auf etwa 30 Zentimeter zurück und lässt nur die zwölf stärksten wachsen und bindet sie an.

ERNTE

Pflücken Sie Beeren vor oder nach der Samenreife nach Bedarf.

KOSTBARES GEWÜRZ

Pfeffer war früher so kostbar, dass er als Zahlungsmittel verwendet wurde. Die abfällige Bezeichnung „Pfeffersack" für reiche Leute zeugt noch heute davon.

Rose

Rosa

Die als Nutzpflanzen am besten geeigneten Arten sind die Kartoffelrose, auch „Japanrose“ genannt (*Rosa rugosa*), und die Apothekerrose (*R. gallica* var. *officinalis*). Beide haben stark duftende Blüten. Die Kartoffelrose bietet von allen Rosen die größten und saftigsten Hagebutten und ist die beste Wahl, wenn Sie nur für eine Pflanze ausreichend Platz haben. Unter den zahlreichen Arten finden sich rosablühende und auch eine weißblühende Art (*R. rugosa* 'Alba'). Denken Sie jedoch daran, dass weiße Blüten Ihre Kräuter- und Früchtetees nicht farblich aufpeppen.

VERWENDUNG

Mit dem Duft und Geschmack der Blüten werden Zucker, Zuckersirup und Alkohol aromatisiert. Diese oder auch einzelne Blütenblätter können Sie zu Desserts oder Backwaren geben. Aus den Hagebutten werden Marmelade, Gelee oder Sirup hergestellt. Roh sollten Sie die Hagebutten jedoch nicht verzehren, da sie voller kleiner Härchen sind, die den Rachen reizen können.

KULTIVIERUNG

Pflanzen Sie in fruchtbaren Boden in voller Sonne oder lichtem Schatten. Kartoffelrosen lassen sich im Abstand von jeweils etwa 75 Zentimetern auch als informelle Hecke ziehen. Abgestorbene oder alte Rosenzweige schneidet man am Boden ab, um zu dichten Wildwuchs zu verhindern. Die Apothekerrose benötigt an Pflege nur den Rückschnitt welker Blüten bis auf einen gesunden Zweig sowie das Entfernen abgestorbener oder zu dicht wachsender Zweige.

ERNTE

Schneiden Sie die Blüten, wenn sie gerade aufblühen. Dann ist ihr Duft am intensivsten. Hagebutten werden geerntet, wenn sie vollreif sind und sich bei leichtem Druck weich anfühlen.

AUS LIEBE ZUR ROSE

Rosen galten schon immer – und heutzutage besonders am Valentinstag – als Symbol für die Liebe. Shakespeare wählte die Blume der Liebe für die Szene, in der Julia mit Romeos Familiennamen hadert: „Was ist ein Name? Was uns Rose heißt, wie es auch hieße, würde lieblich duften.“ (Übersetzung von August Wilhelm Schlegel). Es lohnt sich allerdings, die „Blumensprache“ zu beachten, wenn Sie Rosen verschenken. Nicht alle symbolisieren wie die roten Rosen wahre Liebe. Fast alle Rosen sind mit positiven Assoziationen verbunden, so z. B. Anmut (rosa), Bescheidenheit (blass pfirsichfarben) und Faszination (orange) bis hin zu Verzauberung (purpur), eine gelbe Rose steht jedoch für Untreue oder Eifersucht – wählen Sie also mit Bedacht!

Kräuter für Cocktails

Ein Cocktail – mit oder ohne Alkohol – ist besonders im Sommer angenehm erfrischend. Selbst gezogene Kräuter verleihen ihm geschmacklich und auch optisch das gewisse Etwas. Mit Kräutern können Sie Alkohol aromatisieren. Oder lassen Sie sie in dem Sirup ziehen, den Sie für Ihre Mixgetränke verwenden. Geben Sie die Kräuter in ein Glas und zerstoßen sie grob oder genießen sie einfach als Dekoration. Kräuter sorgen für den „grünen Kick“ in Ihrer Hausbar!

SPIRITUOSEN AROMATISIEREN

Gin ist die bekannteste mit pflanzlichen Extrakten aromatisierte Spirituose. Sein Geschmack lässt sich zusätzlich mit frischen Kräutern anreichern. Bei Verwendung neutralerer Alkoholika wie Wodka hat das fertige Getränk dagegen ein unverfälschteres Kräuteraroma. Zuckersirup, in dem Kräuter gezogen haben, kann man ebenso mit (purem oder aromatisiertem) Alkohol mischen. Er verleiht einem Cocktail eine besondere Note und ist schneller gemacht, als den Alkohol zu aromatisieren. Die folgenden Kräuter eignen sich sehr gut, um Alkohol (siehe „Öl, Essig, Spirituosen und Duftwasser“, Seite 40) oder Zuckersirup (siehe „Zitronenverbene“, Seite 32) zu aromatisieren. Wie beim Kochen gilt auch hier: Experimentieren Sie mit Ihren Lieblingsaromen oder mit interessanten neuen Sorten. Probieren Sie doch einmal Schokoladenminze, Zitronen- oder Orangenthymian oder Ananassalbei.

Basilikum (*Ocimum basilicum*)

Chili (*Capsicum annuum*)

Duftpelargonie (*Pelargonium*)

Duftveilchen (*Viola odorata*)

Echter Lavendel (*Lavandula angustifolia*)

Gewürznelke (*Syzygium aromaticum*)

Jambú (*Acmella oleracea*)

Kardamom (*Elettaria cardamomum*)

Koriander (*Coriandrum sativum*)

Lorbeer (*Laurus nobilis*)

Meerrettich (*Armoracia rusticana*)

Minze (*Mentha*-Arten)

Römische Kamille (*Chamaemelum nobile*)

Rose (*Rosa rugosa*)

Rosmarin (*Salvia rosmarinus*, syn. *Rosmarinus officinalis*)

Safran (*Crocus sativus*)

Schwarzer Holunder (*Sambucus nigra*)

Süßdolde (*Myrrhis ordorata*)

Thymian (*Thymus*-Arten)

Wilder Fenchel (*Foeniculum vulgare*)

Bergamotte (*Citrus × limon* Bergamotte-Gruppe)

Zitronenverbene (*Aloysia citriodora*)

ZERSTOSSENE KRÄUTER

Hier denkt man gleich an die Minze im klassischen Mojito. Aber auch Ananassalbei (*Salvia elegans*), Johannisbeersalbei (*Salvia microphylla*), Basilikum und Zitronenverbene eignen sich bestens zum Zerstoßen.

GARNITUR

Verwenden Sie die Zweige frischer Kräuter, insbesondere Blütenstiele, falls vorhanden, zum Garnieren von Cocktails. Auch essbare Blüten wie die von Borretsch und Duftpelargonie, Kapuzinerkresse, Ringelblume oder Jambú (für waghalsigere Gäste) können Sie über einen Drink streuen oder in Eiswürfeln einfrieren.

BLÜTENEISWÜRFEL

Legen Sie frische Blüten, Blütenblätter oder kleine Kräuterzweige in die Kammern Ihrer Eiswürfelform, und übergießen Sie sie vorsichtig mit Wasser. Tauchen Sie über die Wasseroberfläche hinausragende Teile ins Wasser und stellen Sie den Behälter in die Gefriertruhe.

Sauerampfer

Rumex acetosa

Ist der Sauerampfer auch nahe mit dem für viele Gartenbesitzer äußerst lästigen Ampfer verwandt, so lohnt es sich doch, ihn wegen des Zitronenaromas seines jungen Laubs anzupflanzen. Regelmäßiges Pflücken sorgt im Frühjahr und im Frühsommer für eine reiche Ernte. Weitere lohnenswerte Arten sind Schildampfer (*R. scutatus*) und der attraktive rotgeaderte Blutampfer (*R. sanguineus*).

Familie: Polygonaceae

Wuchshöhe: 50 cm

Wuchsbreite: 10 cm

Härtezone: 3

VERWENDUNG

Frische, junge Blätter schmecken im Salat, sie würzen und färben Mayonnaise sowie neue Kartoffeln, Eierspeisen und Fischgerichte (ältere Blätter schmecken eher bitter). Sauerampfersaft kann als Flecken- und Putzmittel gute Dienste leisten.

KULTIVIERUNG

Pflanzen Sie dieses Kraut in feuchtem Boden im Halbschatten. Der Schatten sorgt dafür, dass die Pflanze nicht zu früh in der Saison blüht. Nach der Blüte zur Anregung eines Neuaustriebs zurückschneiden. Totes Laub im Herbst entfernen.

ERNTE

Pflücken Sie die jungen Blätter nach Bedarf.

DURSTLÖSCHER

Römische Soldaten saugten einst den Saft aus Sauerampferlaub, um ihren Durst zu stillen. Außerdem lässt der Saft Milch gerinnen.

Salbei

Salvia-Arten

Familie: Lamiaceae
Wuchshöhe: 75 cm
Wuchsbreite: 1 m
Härtezone: 5

Wie seine kulinarischen Partner Rosmarin und Thymian stammt auch der Salbei aus der Mittelmeerregion. Er hat einen intensiven Kampferduft, der seine Verwendungsmöglichkeiten in der Küche einschränkt. Zur medizinischen Anwendung können Sie daraus einen Tee oder Sirup zum Gurgeln als traditionelles Hausmittel bei Halsweh zubereiten. Und wenn Sie ihn essen, hilft er bei der Verdauung.

VERWENDUNG

Salbei verwendet man am besten sparsam und möglichst für Speisen mit kräftigem Geschmack. Er passt gut zu Schweinefleisch, Apfel, Kürbis und Bohnen. Zwiebel-Salbei-Mischungen sind traditionelle Füllungen, und junge Blätter, insbesondere die des Muskatellersalbeis (*S. sclarea*), kann man panieren und frittieren. Die Blütenquirle des Muskatellersalbeis und des einjährigen Schopfsalbeis (*S. viridis*) machen sich gut im Blumen- oder Kräuterstrauß, während die des *S. officinalis,* einzeln abgezupft und über einen Salat gestreut, sehr köstlich sind. Salbei-Öl wird zur Herstellung von Kosmetika und als Fixiermittel in Parfüms genutzt. Muskatellersalbei und der einjährige Schopfsalbei finden Verwendung in der Produktion bestimmter Weine, Biere und Liköre.

KULTIVIERUNG

In durchlässigen Boden in voller Sonne oder lichtem Schatten pflanzen. Zur Erhaltung der Form nach der Blüte zurückschneiden. Die Pflanzen etwa alle fünf Jahre ersetzen, da sie ansonsten verholzen und vergreisen.

ERNTE

Pflücken Sie frische Blätter und Blütenquirle nach Bedarf. Die Stängel kann man schneiden und zum Trocknen aufhängen.

BEKANNTE ARTEN UND KULTURSORTEN

S. elegans (Ananassalbei)
Diese empfindliche Mehrjährige (geeignet für Härtezone 11) hat hellgrünes Laub mit ausgeprägtem Ananasaroma und scharlachrote Blüten. Frische Zweiglein können Sie an Getränke und frischen Obstsalat geben.

S. officinalis
Der klassische Küchensalbei. Seine weichen, graugrün gefärbten Blätter bilden einen idealen Kontrast zu den im Hochsommer erscheinenden blauvioletten Blüten.

S. officinalis 'Purpurascens' (Purpur-Gewürzsalbei)
Wegen seiner dunkelvioletten Blätter mit einem Stich ins Graugrüne ist er ein attraktiver, treuer Genosse in vielen Kräutergärten. Er kann verwendet werden wie andere Arten und ist sogar der Liebling mancher Naturheilkundeärzte.

S. sclarea (Muskatellersalbei)
Diese schnell vergreisende, mehrjährige oder zweijährige Pflanze produziert Quirle mit auffälligen pink-cremeweißen Blüten. Sie hat ein balsamisches Vanillearoma.

S. viridis (einjähriger Schopfsalbei, Scharlachsalbei)
Eine Einjährige mit hellgrünen Blättern und dunkelvioletten Blüten. Wurde früher in Schnupftabak gemischt, kann zum Würzen von Speisen und Getränken verwendet werden und wirkt von Natur aus antiseptisch.

Rosmarin

Salvia rosmarinus syn. *Rosmarinus officinalis*

Familie: Lamiaceae

Wuchshöhe: 2 m

Wuchsbreite: 2 m

Härtezone: 7

Rosmarin ist ein vielseitiger Strauch, sowohl im Garten als auch in der Küche. Seine Blüten sind im zeitigen Frühjahr eine wichtige Nektarquelle für Bienen. Wenn Sie weiße Blüten mögen, ist die Form *S. albiflorus* hervorragend. Den 'Roseus' schmücken pinkfarbene Blüten und 'Sissinghurst Blue' ist im Vergleich zu den meisten anderen Sorten eher dauerblühend und hat einen etwas aufrechteren Habitus.

VERWENDUNG

Fein gehackte Nadeln oder ganze Zweige sorgen am besten für das intensive Rosmarinaroma. Sie würzen Lamm oder anderes Fleisch und können nach dem Braten entfernt werden. Rosmarin kommt aber auch in vielen anderen herzhaften Gerichten zum Einsatz. Er passt vor allem zu Bohnen, Würstchen und Eintopf sowie zu Suppen und bestimmten Süßspeisen. Sie können ihn aber auch in Öl oder Essig ziehen lassen. Rosmarin-Öl wird als Inhaltsstoff für Parfum sowie für ätherische Öle und kosmetische Produkte genutzt.

KULTIVIERUNG

Rosmarin gedeiht in durchlässigem Boden in voller Sonne. Er mag keine Staunässe im Winter. Nach der Blüte wird er zur Förderung eines buschigen Wuchses und zum Erhalt der Form zurückgeschnitten.

ERNTE

Schneiden Sie frische grüne Zweige nach Bedarf und streifen Sie die Nadeln in der Küche ab. Jungpflanzen sollten nicht zu stark beerntet werden, solange sie sich noch nicht voll etabliert haben. Lange, holzige Stängel, die als Spieße dienen sollen, nur zurückhaltend schneiden. Vor der Verwendung die Nadeln abstreifen.

GRILLSPIESSE

Rosmarinstängel geben gute „Einwegspieße" ab und sie würzen zudem das aufgespießte Fleisch oder Gemüse. Spitzen Sie die Enden an und zupfen die Nadeln ab, bevor Sie das Grillgut darauf schieben.

In Form geschnittene Kräuter

Der ornamentale Formschnitt – das Schneiden von Pflanzen zu geometrischen Formen oder Figuren von Kugel oder Kegel bis hin zu Pfau oder Elefant – ist eine elegante Möglichkeit, eine Pflanze zu erziehen und dem Garten gleichzeitig das gewisse Etwas zu verleihen. Die formale Struktur streng geschnittener Pflanzen lässt einen optischen Ruhepol in der Formenvielfalt ganz unterschiedlicher Pflanzen entstehen. In einem Gemüse- oder Kräutergarten kann man durch Formschnittpflanzen Blickpunkte schaffen (z. B. durch ein in der Regel etwa einen Meter hohes Lorbeer-Hochstämmchen in der Beetmitte, dessen kugelförmig geschnittenes Laub über dem blattlosen Stamm zum Hingucker wird). Diesen Formschnitt können Sie auch auf niedrige Hecken anpassen, indem Sie größere Kegel oder Kugeln in regelmäßigen Abständen platzieren oder mit ihrer Hilfe die Ecken sowie Endpunkte betonen. Die an Rand- und Heckenbepflanzungen praktizierte Kunst des Formschnitts kam im 16. Jahrhundert – der Zeit Elizabeths I – auf, um Duftpflanzen in Knotengärten zu integrieren.

FÜR DEN FORMSCHNITT GEEIGNETE KRÄUTER

Zu den gängigen Pflanzen, die man zu Hochstämmchen erziehen kann, zählen:

Echter Lavendel (*Lavandula angustifolia*)

Lorbeer (*Laurus nobilis*)

Rosmarin (*Salvia rosmarinus*, syn. *Rosmarinus officinalis*)

Zu den im Erdreich oder in Töpfen wachsenden Kräutern, die sich in individuelle Formen schneiden oder zu einer Hecke trimmen lassen, zählen:

Echter Lavendel (*Lavandula angustifolia*)

Lorbeer (*Laurus nobilis*)

Myrte (*Myrtus communis*)

Rosmarin (*Salvia rosmarinus*, syn. *Rosmarinus officinalis*)

Salbei (*Salvia*-Arten)

Ysop (*Hyssopus officinalis*)

FORMSCHNITTPFLANZEN PFLEGEN

Sorgen Sie dafür, dass in Töpfen gezogene Exemplare während der Wachstumsperiode reichlich Wasser und Dünger bekommen und topfen Sie sie bei Bedarf um. Schneiden Sie die Pflanzenfiguren im Sommer ein- bis zweimal, um das gewünschte Erscheinungsbild zu erhalten.

1. Seitentriebe von Formschnittpflanzen (hier ein Lorbeerbaum) abschneiden, damit der Stamm blattlos bleibt und der Austrieb am Stamm gebremst wird. Triebe aus der Basis sollten so tief wie möglich abgeknipst werden, um unerwünschten Wuchs von unten zu verhindern.
2. Beim Formen der Kugel schneidet man stets direkt über einem Blattansatz. So werden hässliche Stummel verhindert, die sich leicht infizieren können.
3. Sorgen Sie für gute Proportionen der Kugelform im Verhältnis zum blattlosen Stamm.

Schwarzer Holunder

Sambucus nigra, auch bekannt als Fliederbeere oder Hollerbusch

Dieser große, sich stark verzweigende Strauch oder kleine Baum ist dank der Vögel, die die Samen der schwarzen Holunderbeeren verbreiten, eine im städtischen Grün sowie in ländlichen Hecken häufig anzutreffende Pflanze. Moderne Kultursorten, z. B. Varietäten mit violettem Laub, haben ähnlichen Nutzen wie die alten Arten. Vergleichen Sie den Duft der Blüten, bevor Sie sich zum Kauf entscheiden.

⚠ Das Laub und die rohen Beeren sind gesundheitsschädlich.

Familie: Adoxaceae

Wuchshöhe: 6 m

Wuchsbreite: 3 m

Härtezone: 6

VERWENDUNG

Traditionell verwendet man Holunderblüten, um daraus Sirup herzustellen (auch gewerblich ist dies die häufigste Nutzung). Sie können aber auch ein „spritziges" alkoholisches Getränk daraus zubereiten. Ferner lassen sich damit Drinks und Fruchtspeisen verfeinern. Die Blüten passen gut zu Stachelbeeren, die zur gleichen Jahreszeit reifen. Die getrockneten Blüten (siehe „Kräuter trocknen", Seite 76) können Sie als Tee aufgießen und aus den Beeren Saft herstellen oder Soßen kochen – besonders „Pontack"-Soße (eine Art Holunderbeeren-Ketchup). Die Blätter kochen, abseihen und als Insektizid verwenden.

KULTIVIERUNG

In nährstoffreichen, feuchten Boden in volle Sonne oder Halbschatten pflanzen. Holunder können Sie in Form halten, indem Sie ihn einmal pro Jahr im späten Winter schneiden. Er kann auch stark zurückgeschnitten werden, da er problemlos zwei Meter pro Jahr wächst.

ERNTE

Wenn Sie die Blüten wild wachsender Bäume pflücken, sollten Sie darauf achten, nur abseits von Straßen oder anderen Schadstoffquellen zu ernten. Lassen Sie stets einige Blüten am Baum, damit sie sich zu Beeren entwickeln können. Pflücken Sie die Blütendolden an einem trockenen Tag, wenn sich die Hälfte der Einzelblüten einer Dolde bereits geöffnet hat. Ernten Sie die Beeren, sobald diese eine tiefdunkle violett-schwarze Färbung angenommen haben. Das Laub können Sie im Sommer jederzeit pflücken und frisch zu Insektizid verarbeiten.

SCHUTZBAUM

Mit dem Holunder sind viele Legenden und auch Aberglaube verbunden. Einen Holunder als Hausbaum zu pflanzen, schützt nach altem Glauben vor Unheil.

Pimpinelle

Sanguisorba minor, auch bekannt als Kleiner Wiesenknopf

Pimpinelle macht sich gut als Beet- und Rabatteneinfassung. Streicht man im Vorbeigehen an den Pflanzen entlang oder tritt auf ihr Laub, verströmen sie ihren frischen Duft. Seinen Gattungsnamen hat das Küchenkraut durch die medizinische Verwendung der verwandten Art *S. officinalis* erhalten. „Blut aufsaugen" lautet die wörtliche Übersetzung aus dem Lateinischen *sanguis* (Blut) und *sorbere* (aufsaugen).

Familie: Rosaceae

Wuchshöhe: 60 cm

Wuchsbreite: 30 cm

Härtezone: 5

VERWENDUNG

Genießen Sie die jungen Blätter frisch, im Salat oder zu Weichkäse. Die schmecken dezent nach Gurke. Ältere Blätter lassen Sie am besten in Wasser oder anderen Getränken ziehen oder trocknen sie für Tee.

KULTIVIERUNG

In feuchten bis durchlässigen Boden in lichten Schatten pflanzen. Nach der Blüte zur Anregung eines Neuaustriebs zurückschneiden.

ERNTE

Pflücken Sie frische Blätter nach Bedarf.

EINNEHMEND

Die Pimpinelle hat ein extensives Wurzelsystem, das zur Verhinderung von Bodenerosion und zur Wiedergewinnung von Ödland im Tagebau genutzt werden kann.

Sommer-Bohnenkraut

Satureja hortensis

Familie: Lamiaceae
Wuchshöhe: 20 cm
Wuchsbreite: 30 cm
Härtezone: 10–11

Dieses Kraut ist ein Bestandteil der klassischen *Herbes de Provence* (Kräuter-der-Provence-Mischung) und wird in Deutschland als traditionelles Würzkraut für Wurst verwendet. Im Geschmack ähnelt es Oregano (siehe Seite 93) und Thymian (siehe Seite 124–127) – mit feiner Piniennote im Aromaprofil.

VERWENDUNG

Das Laub des Sommer-Bohnenkrauts passt gut zu den meisten Soßen – vor allem zu Tomatensoße – und zu zahlreichen Gemüsearten. Sie können es aber auch in die Marinade für Oliven geben oder Fleisch, Fisch und Milchspeisen damit würzen.

KULTIVIERUNG

In durchlässigen – selbst trockenen – Boden in volle Sonne pflanzen. Junge Sprossspitzen abknipsen, um einen buschigen Wuchs zu fördern. Abgestorbene Pflanzen im Spätherbst entfernen. Neue Pflanzen aus im Herbst ausgesäten Samen können in einem beheizten Gewächshaus oder drinnen überwintert werden. Alternativ können Sie Winter-Bohnenkraut (siehe gegenüber) pflanzen, um spät in der Saison noch ernten zu können.

ERNTE

Pflücken Sie die frischen Blätter nach Bedarf. Belaubte Stängel kann man schneiden und zum Trocknen aufhängen.

GARTENGENOSSEN

Es heißt, Sommer-Bohnenkraut sei ein guter Nachbar für Dicke Bohnen, weil es die Schwarze Bohnenblattlaus abwehrt. Und es schmeckt köstlich, wenn man es in Bohnengerichten mitkocht.

Winter-Bohnenkraut

Satureja montana

Als halbimmergrüne Pflanze wartet das Winter-Bohnenkraut mit einem dem Sommer-Bohnenkraut (siehe gegenüber) sehr ähnlichen Aroma auf. Es kann jedoch ganzjährig beerntet werden. Die Blätter haben etwas mehr Würze als die Sommer-Variante und sind kräftiger, sodass man sie sparsamer verwenden kann. Wenn Sie Laub mit Zitronenaroma mögen, sollten Sie *S. montana* var. *citriodora* pflanzen.

Familie: Lamiaceae

Wuchshöhe: 30 cm

Wuchsbreite: 30 cm

Härtezone: 7

VERWENDUNG

Die Blätter verleihen Suppen und Eintöpfen, Fleisch, Bohnen- und Gemüsegerichten eine leckere Würze.

KULTIVIERUNG

In durchlässigem – selbst trockenem – Boden in voller Sonne kultivieren. Blütenstiele zur Anregung eines Neuaustriebs zurückschneiden.

ERNTE

Pflücken Sie frische Blätter nach Bedarf. Ist die Pflanze immergrün, kann man auch im Winter Blätter ernten. Dabei sollten Sie jedoch zurückhaltend vorgehen, um die Pflanze nicht zu schwächen.

IDEAL ZU HÜLSENFRÜCHTEN

Winter-Bohnenkraut passt gut zu Gerichten aus getrockneten Hülsenfrüchten und soll Blähungen lindern.

Stevia

Stevia rebaudiana, auch bekannt als Süßblatt oder Süßkraut

Zunehmende Bedenken aufgrund der Nachteile von raffiniertem Zucker für die Gesundheit haben Stevia sehr schnell zu einem „gesunden" alternativen Süßungsmittel gemacht. Seine Blätter liefern eine Verbindung, Steviosid, die 300-mal süßer ist als herkömmlicher Zucker. Kauen Sie doch einmal ein Blatt – als Kostprobe seiner Süßkraft.

⚠ In manchen Ländern ist die Verwendung gesetzlich eingeschränkt.

Familie: Asteraceae

Wuchshöhe: 20 cm

Wuchsbreite: 30 cm

Härtezone: 9

VERWENDUNG

Steviablätter wurden in Südamerika seit jeher als Süßungsmittel für (Mate-)Tee genutzt. Auch in Kombination mit anderen Kräutern eignen sie sich bestens für die Zubereitung süßer Früchte- oder Kräutertees.

KULTIVIERUNG

In feuchten, aber sandigen Boden in die volle Sonne pflanzen. Junge Sprossspitzen zur Förderung eines buschigen Wuchses abknipsen. Blütenstiele nach der Blüte zurückschneiden.

ERNTE

Pflücken Sie die frische Blätter nach Bedarf.

IN MASSEN

Als kalorienfreies Süßungsmittel wird Stevia als Zusatzstoff in vielen Softdrinks genutzt, aber auch unter seinem eigenen Namen verkauft. Zu den Nebenwirkungen bei übermäßigem Verzehr zählen jedoch Schwindel, Kopf- und Muskelschmerzen sowie Blähungen. Wie alle Kräuter sollte man also auch Stevia in Maßen genießen.

Echter Beinwell

Symphytum officinale, auch bekannt als Beinheil oder Wundallheil

Als Mulch oder auch als Jauche dient diese nützliche Gartenpflanze als natürlicher Dünger für andere Pflanzen. Hat er sich aber erst einmal etabliert, ist er nur schwer wieder auszurotten und kann invasiv werden. Ein Beinwell-Umschlag galt einst als traditionelles Heilmittel bei Knochenbrüchen und Hauterkrankungen.

⚠ Das Laub kann hautreizend sein.

Familie: Boraginaceae

Wuchshöhe: 1,25 m

Wuchsbreite: 60 cm

Härtezone: 5

VERWENDUNG

Die Blätter können gehackt und als stark stickstoffhaltiger Mulch um die Basis anderer Pflanzen gegeben werden oder – in einem Eimer Wasser zu einer Jauche angesetzt – als Flüssigdünger genutzt werden.

KULTIVIERUNG

In feuchten oder sogar nassen Boden in die Sonne oder den Halbschatten pflanzen. Abgestorbenes Laub im Herbst oder Winter zurückschneiden.

ERNTE

Pflücken Sie Blätter nach Bedarf für den Frischverbrauch oder zum Trocknen.

FEINE HÄRCHEN

Die winzigen Härchen auf den Beinwellblättern können zwar die Haut reizen, sie zergehen aber im Mund, sodass man dies jungen Blättern, die man frisch oder gekocht (meist frittiert) essen kann, gar nicht anmerkt. Allerdings enthalten sie lebertoxisch wirkende Alkaloide, weshalb Sie Beinwell als essbare Kuriosität einstufen und selten verzehren sollten.

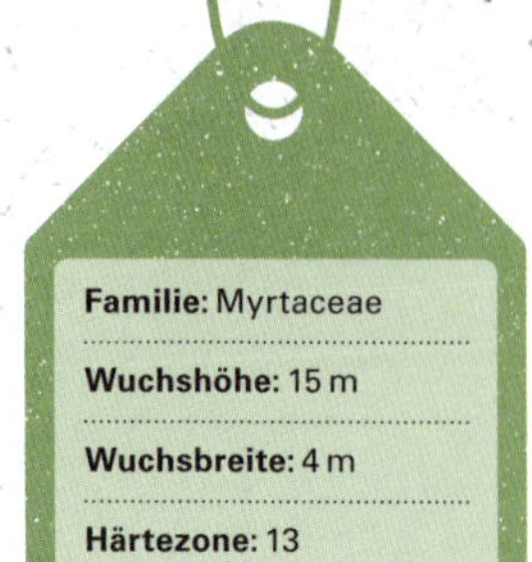

Gewürznelke

Syzygium aromaticum

Familie: Myrtaceae

Wuchshöhe: 15 m

Wuchsbreite: 4 m

Härtezone: 13

Die Nelke, ein wichtiges weltweit gehandeltes Gewürz, war bereits vor rund 2000 Jahren in Europa und Asien sehr gefragt. Eine Gewürznelke zu kauen, galt als ein Mittel für frischen Atem und half bei Zahnschmerzen.

VERWENDUNG

Ganze Nelken gehören in die Gewürzmischungen für Eingelegtes und Gepökeltes. Man kann auch eine Apfelsine mit Nelken bespicken, und fertig ist der Pomander (die duftende Winterdeko). Ursprünglich trug man Pomanderkugeln, um unliebsame Gerüche zu überdecken. Gemahlene Nelken können Sie an Backwaren sowie insbesondere an „Mincemeat" (eine Pastetenfüllung für Weihnachtsgebäck) und Lebkuchen geben.

KULTIVIERUNG

In durchlässigen, fruchtbaren Boden in die volle Sonne pflanzen. Kann auch in einem großen Kübel als Zimmerpflanze kultiviert werden, sofern man für frostfreie, sonnige Bedingungen sorgt. Möglicherweise blüht die Pflanze aber nicht. Im Frühjahr schneiden, um den Baum in Form zu halten. Jedes Jahr in frischen Kompost umtopfen.

ERNTE

Die Blütenknospen pflücken und vor dem Einlagern trocknen.

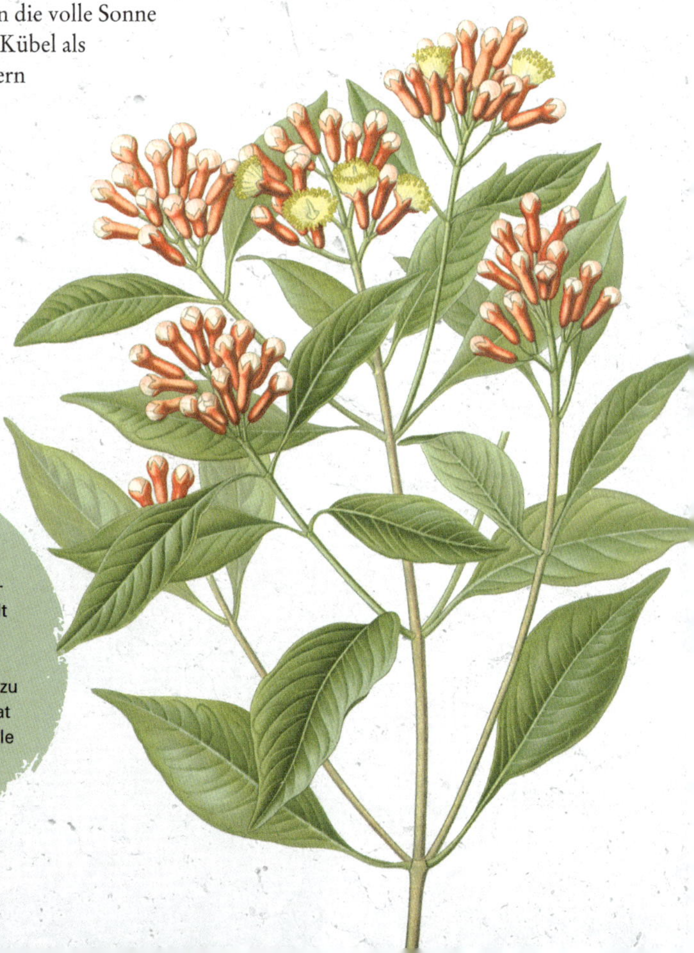

FRÜHREIF

Dafür, dass ein Gewürznelkenbaum mindestens 100 Jahre alt werden kann, ist er nach acht bis zehn Jahren bereits früh geschlechtsreif (d. h. er beginnt zu blühen und zu fruchten) und hat nach 20 bis 30 Jahren seine volle Größe erreicht.

Mutterkraut

Tanacetum parthenium

Ursprünglich wurde Mutterkraut für verschiedenste medizinische Anwendungen genutzt. Es ist weder essbar, noch sollte man es als Hausmittel verwenden. Das Zierkraut ist zwar mehrjährig, vergreist aber schnell und kompensiert dies durch muntere Selbstaussaat im Garten.

▲ **Das Laub kann hautreizend sein.**

Familie: Asteraceae

Wuchshöhe: 60 cm

Wuchsbreite: 40 cm

Härtezone: 6

VERWENDUNG

Mutterkraut trägt im Sommer dekorative, gänseblümchenartige Blüten im Überfluss. *Tanacetum parthenium* 'Flore Pleno' hat gefüllte weiße Blüten und eignet sich gut für Blumensträuße, während 'Madonna' eine kompakte, gefüllte Kultursorte ist, die sich ausgezeichnet als Einfassungs- oder Containerpflanze eignet. In den Kleiderschrank gelegt, hält das getrocknete Laub – im Musselinbeutel – Motten fern.

KULTIVIERUNG

Mutterkraut wächst am besten in durchlässigem, selbst trockenem Boden in voller Sonne. Mit dem Rückschnitt nach der Blüte verhindern Sie die Selbstaussaat und regen die Pflanze zum Neuaustrieb an. Totes Laub im Herbst oder späten Winter entfernen.

ERNTE

Frische Blüten für Blumensträuße nach Bedarf ernten. Pflücken Sie die Blätter zum Trocknen im Frühsommer vor der Blütezeit.

MEDIZINISCHE STUDIEN

In klinischen Studien erwies sich Mutterkraut als wirksames Mittel zur Verminderung der Schwere von Migräneanfällen. Die Nebenwirkungen können jedoch schwerwiegend sein und es ist in vielen Situationen kontraindiziert. Holen Sie daher vor der Anwendung unbedingt professionellen Rat ein.

Kräuterrasen und -sitzbänke

Kamillerasen sorgt für ein romantisches Landhaus-Flair, eignet sich aber ebenso gut für kleine Stadtgrundstücke. Er muss nicht gemäht werden und ist eine wundervoll duftende Liegewiese, auf die Sie sich an einem schönen Sommertag mit einem guten Buch legen können. Ein blühender Rasen aus anderen niedrig wachsenden Kräutern wie Kriechthymian ist eine weitere mähfreie Alternative und ideal für Wildtiere. Haben Sie keinen Platz für einen Rasen, kreieren Sie eine Duftbank aus einem Trog oder einem niedrigen Hochbeet. Die Quintessenz einer Kamillensitzbank kann man übrigens im Garten von Sissinghurst in Kent oder im Queen's Garden in Kew bestaunen.

DAS SOLLTEN SIE BEACHTEN

Die Wuchstiefe sollte mindestens 20 Zentimeter betragen, bei einer Duftbank sogar mehr. Achten Sie auch auf die richtige Höhe, damit man bequem darauf sitzen kann. Bei einem Pflanzcontainer oder einem Hochbeet müssen Sie für eine gute Dränage sorgen. Die Kräuter benötigen volle Sonne, damit sie gedeihen können, tolerieren zeitweise aber auch lichten Schatten.

GEEIGNETE KRÄUTER

Blühende Kamille neigt zum Wuchern und verursacht Lücken im Rasen. Für einen kompakteren, nicht blühenden, aber dennoch duftenden Rasen eignet sich *Chamamelum nobile* 'Treneague' bestens. Ebenfalls ideal sind kriechende Thymiane wie *Thymus praecox* subsp. *polytrichus* oder *T. serpyllum*.

PFLANZUNG UND PFLEGE

Flächen, die zu Rasen werden sollen, müssen vor der Pflanzung absolut unkrautfrei sein, was einem später das lästige Ausgraben der Wurzeln mehrjähriger Unkräuter zwischen den Rasenkräutern erspart. Sie können die Fläche entweder sorgfältig umgraben und sämtliche Unkräuter sowie Wurzeln entfernen und dann einige Wochen liegen lassen, um auch die übersehenen Unkräuter herauszulesen. Alternativ können Sie die Pflanzen mit einem geeigneten biologischen Unkrautvernichter spritzen und abwarten, bis das Laub abgestorben ist, umgraben und dann Wurzeln und Laub entfernen. Harken Sie den Boden sorgfältig glatt und eben und sammeln Sie sämtliche Steine von der Oberfläche, bevor Sie pflanzen. Kräutersitzbänke sind wesentlich einfacher vorzubereiten: Man füllt einfach den gewünschten Pflanzcontainer oder das gewünschte Beet mit Anzuchterde.

Für Rasen und Sitzbänke pflanzen Sie die in 9-Zentimeter-Töpfen gezogenen Kräuter im Abstand von 10 bis15 Zentimetern (dafür benötigen Sie etwa 100 Pflanzen pro Quadratmeter). Je dichter Sie die Kräuter setzen, desto schneller bedeckt der Rasen die kahlen Flächen, aber umso höher sind auch die Kosten.

Den Rasen oder die Sitzbank in den ersten Wochen nach der Pflanzung sowie in Trockenperioden gut wässern. Mindestens drei Monate nicht betreten oder sich darauf setzen, damit die Pflanzen anwachsen und sich etablieren können. Am besten schonen Sie sie ein ganzes Jahr lang.

Den Rasen danach einmal pro Jahr mit der Schere schneiden. Entfernt werden unansehnliche Schösslinge und blühende Stiele. Das Schnittgut können Sie vorsichtig abfegen.

1. Füllen Sie die Sitzbank bis unter die Innenkante mit Anzuchterde.
2. Setzen Sie die Kräuter so hinein, dass die Lauboberfläche bündig mit der Sitzkante abschließt. Dann die Pflanzen ausreichend wässern, bis sie gut angewachsen sind.
3. Kamille bildet eine dichte, duftende Grünfläche.

Löwenzahn

Taraxacum officinale, auch bekannt als Pusteblume oder Kuhblume

Löwenzahn wird meist als lästiges Unkraut angesehen. Er hat jedoch aufgrund der ihm nachgesagten diuretischen und kulinarischen Eigenschaften auch eine ganze Reihe von Anwendungsmöglichkeiten zu bieten und daher durchaus einen Platz im Kräutergarten verdient – solange man ihn nicht aussamen lässt.

Familie: Asteraceae

Wuchshöhe: 30 cm

Wuchsbreite: 30 cm

Härtezone: 5

VERWENDUNG

Aus den Blütenblättern können Sie Gelee oder Wein zubereiten. Sehr junge Blätter schmecken frisch als Salat, ältere werden am besten blanchiert oder gekocht, damit sie ihre Bitterstoffe verlieren. Seine Blätter und Wurzeln werden industriell zur Herstellung von Getränken genutzt (z. B. für *Dandelion and Burdock*, eine traditionsreiche englische Limonade aus Löwenzahn und Klette). Getrocknete und gemahlene Wurzeln können als Kaffeeersatz dienen. Haustiere wie Meerschweinchen und Schildkröten lieben frische Löwenzahnblätter.

KULTIVIERUNG

Löwenzahn wächst in den meisten Böden, geben Sie ihm aber genügend Tiefe und lockeren Boden, falls die Wurzeln ausgegraben und verwendet werden sollen. Ein Platz in voller Sonne sorgt für beste Blatt- und Blütenproduktion. Verwelkte Blüten entfernen, damit sich die Pflanzen nicht selbst aussamen.

ERNTE

Blüten und Blätter nach Bedarf pflücken. Wurzeln von zweijährigen Pflanzen im Herbst ausgraben.

CULPEPER ÜBER DEN LÖWENZAHN UND DIE SCHULMEDIZIN

Nachdem er den vielfältigen medizinischen Nutzen von Löwenzahn dargelegt und erklärt hat, wie einfach er zu kultivieren ist („Er blüht, egal wo fast das ganze Jahr."), nutzt Culpeper die Gelegenheit, eine spitze Bemerkung über seine englischen Berufskollegen loszuwerden: „Sie sehen, welche Heilkräfte dieses gewöhnliche Kraut hat, und das ist der Grund, weshalb die Franzosen und Holländer es im Frühjahr so häufig essen. Wer über den Tellerrand hinausschaut, wird unschwer erkennen, dass Ärzte im Ausland nicht so selbstsüchtig wie die unsrigen sind, dafür aber kommunikativer, was den Nutzen der Pflanzen für den Menschen angeht."

Tasmanischer Bergpfeffer

Tasmannia lanceolata, auch bekannt als Bergpfeffer

Familie: Winteraceae

Wuchshöhe: 4 m

Wuchsbreite: 2,5 m

Härtezone: 10–11

Der Tasmanische Bergpfeffer ist ein naher Verwandter der Winterrinde (*Drimys winteri*), deren Rinde als einfacher Ersatz für Zimt genutzt werden kann. Bergpfeffer ist auch unter dem Namen *Drimys aromatica* bekannt und erhältlich. Seine dunklen Blätter und rötlichen Zweige duften nach Zimt, die Blüten sind weiß. Eine attraktive und pflegearme Pflanze.

VERWENDUNG

Frische oder getrocknete Blätter können Sie übergießen und einen Tee daraus zubereiten. Die Beeren werden getrocknet und ganz oder gemahlen als Pfeffer verwendet.

KULTIVIERUNG

Ziehen Sie den tasmanischen Bergpfeffer in warmer, geschützter Lage in lichtem Schatten und auf fruchtbarem, feuchtem aber durchlässigem Boden. Der Strauch muss nicht geschnitten werden. Man kann ihn jedoch im Frühjahr stutzen, um ihn in Form zu halten (z. B. als Hecke).

ERNTE

Pflücken Sie die Blätter nach Bedarf. Die reifen Beeren, die vor dem Einlagern getrocknet werden sollten, ernten Sie am besten im Herbst.

BIOAKTIVE INHALTSSTOFFE

Im Tasmanischen Bergpfeffer wurden Inhaltsstoffe nachgewiesen, die Organismen bekämpfen, welche für den Verderb von Lebensmitteln verantwortlich sind. Darüber hinaus sollen sie eine antioxidative Wirkung haben.

Thymian

Thymus-Arten

Thymian ist eines der vielseitigsten Küchenkräuter. Zahlreiche, unterschiedliche Thymian-Arten bieten im Kräutergarten eine breit gefächerte Auswahl. Intensive Beerntung kann jedoch zu kahlen Pflanzen führen. Tauschen Sie sie am besten alle 3 bis 4 Jahre aus, da sie ansonsten verholzen. Und setzen Sie gleich mehrere Pflanzen. So haben Sie immer reichlich Blättchen und Blüten zur Verfügung.

VERWENDUNG

Thymianblätter – ob frisch oder getrocknet – verleihen einer Vielzahl herzhafter und süßer Gerichte ihre schmackhafte Würze. Sie passen gleichermaßen gut zu Fleisch und Gemüse (vor allem zu Pilzen), aber ebenfalls perfekt zu Schokolade, Sahnepudding und den meisten Früchten – insbesondere zu Erdbeeren und Pfirsichen. Man kann mit ihnen Marinaden, Öl und Essig aromatisieren. Zudem sind sie Bestandteil der klassischen *Herbes de Provence* (Kräuter-der-Provence-Mischung) und des *Bouquet garni*. Seine Blüten sind essbar, haben ein milderes Thymianaroma und können zum Garnieren verwendet werden. Thymian-Öl wird industriell in Zahnpasta sowie Rheumasalben verarbeitet.

KULTIVIERUNG

Durchlässiger Boden in voller Sonne bekommt allen Thymian-Arten am besten. Schneiden Sie die Pflanzen nach der Blüte zurück, damit sie zum Neuaustrieb angeregt werden und nicht wuchern.

ERNTE

Pflücken Sie Blätter und Blüten frisch nach Bedarf.

BEKANNTE ARTEN UND KULTURSORTEN

T. camphoratus (Kampferthymian)
Wie der Name bereits andeutet, duften seine Blätter stark nach Kampfer. Am besten verwendet man sie für geschmacksintensive Speisen, wie z. B. gebratenes Fleisch.

T. × *citriodorus* (Zitronenthymian)
Nach dem gemeinen Thymian ist der Zitronenthymian die Art, deren Anbau sich wegen ihres delikaten Aromas am meisten lohnt. Er passt besonders gut zu Fischgerichten und schmeckt sehr gut in süßem Sirup (für Desserts oder Cocktails). Man kann einen guten Tee daraus zubereiten, auch gemischt mit anderen Kräutern. Eine ähnliche Pflanze, *T.* 'Silver Queen', hat panaschierte silber-cremefarbene Blätter, ist allerdings weniger winterhart.

T. 'Fragrantissimus' (Orangenthymian)
Die Blätter duften nach Apfelsinen. In der Küche kommt er hauptsächlich für Cocktails und Frucht- oder Sahnedesserts zum Einsatz.

T. hyemalis
Diese Art ähnelt in Aussehen und Verwendung dem gemeinen Thymian, blüht jedoch im Winter. Er ist nur in französischen Staudengärtnereien erhältlich.

T. praecox subsp. *polytrichus*
Ein Kriechthymian bildet einen niedrigen Teppich aus pelzigen Blättern, die Sie in der Küche auf die gleiche Art nutzen können wie die anderer Thymian-Arten. Kriechthymian eignet sich exzellent für einen Duftrasen oder eine Kräutersitzbank. Alternativ können Sie ihn zur Gestaltung eines Duftpfads in Pflasterritzen pflanzen.

T. pulegioides (Breitblättriger Thymian)
Diese Art hat einen ähnlichen, im Vergleich zum gemeinen Thymian vielleicht etwas weniger kräftigen Geschmack. Wegen ihrer glänzend grünen Blätter ist die Pflanze aber attraktiver (die Blätter lassen sich zudem leichter vom Stängel zupfen). *T. pulegioides* 'Archer's Gold' ist eine gelb-panaschierte Variation dieser Art.

T. serpyllum (Sandthymian)
Ein weiterer Kriechthymian, der in seinem Erscheinungsbild stark dem *T. praecox* subsp. *polytrichus* ähnelt, jedoch rosa Blüten hat. Seine ätherischen Öle unterscheiden sich von anderen Arten, weshalb er vorwiegend für die medizinische Anwendung genutzt wird, z. B. als Antiseptikum.

T. vulgaris (Echter Thymian)
Dieser bekannteste und in der Küche am häufigsten eingesetzte Thymian verfügt ebenso über antiseptische und antimykotische Eigenschaften. Sein Öl wird in der Aromatherapie und in kosmetischen Produkten eingesetzt. *Thymus vulgaris* 'Erectus' hat einen aufrechteren Wuchs.

Bockshornklee

Trigonella foenum-graecum, auch bekannt als Griechischer Klee

Bockshornklee ist eines der ältesten bekannten Kräuter und wurde bereits um 4000 v. Chr. angebaut. Früher nutzte man ihn als Futterpflanze für das Vieh. Neben seiner vielfältigen medizinischen Verwendung ist es auch ein wichtiges Küchenkraut. In kühl-gemäßigten Klimazonen kann man Bockshornklee entweder bis zur vollen Reife kultivieren oder als Keimsprossen sowie Microleaves verzehren.

Familie: Papilionaceae

Wuchshöhe: 60 cm

Wuchsbreite: 40 cm

Härtezone: 9

VERWENDUNG

Frische Blätter gibt man an Salat und Suppen oder kocht sie in einem Curry. Die Samen (sie werden zum Entfernen der Bitterstoffe geröstet) können Sie ganz oder gemahlen an Eingelegtes, Currys (sie sind Bestandteil des Currypulvers), Eintopf oder Brot geben. Bockshornklee wird auch als Gründünger angebaut, indem man die Pflanzen auf ausgelaugtem Boden aussät, dann abschneidet und in den Boden einarbeitet.

KULTIVIERUNG

Pflanzen Sie Bockshornklee in durchlässigen Boden in voller Sonne. Falls keine Samen produziert werden sollen, schneiden Sie Blütenstiele zurück, um frischen Blattwuchs anzuregen. Entfernen Sie abgestorbene Pflanzen am Ende der Wachstumsperiode.

ERNTE

Pflücken Sie frische Blätter nach Bedarf. Die Samen werden nach der Samenreife geerntet.

UNTERMIETER

Säen Sie Bockshornklee-Samen in die Erde unterhalb höherer Gemüsepflanzen wie z. B. Tomaten oder Zuckermais, damit sich ein Teppich aus Unkraut unterdrückenden, essbaren Blättern und hübschen Blüten bildet, der zahlreiche Bestäuberinsekten anzieht.

Kapuzinerkresse

Tropaeolum majus, auch bekannt als Große Kapuzinerkresse oder Indianerkresse

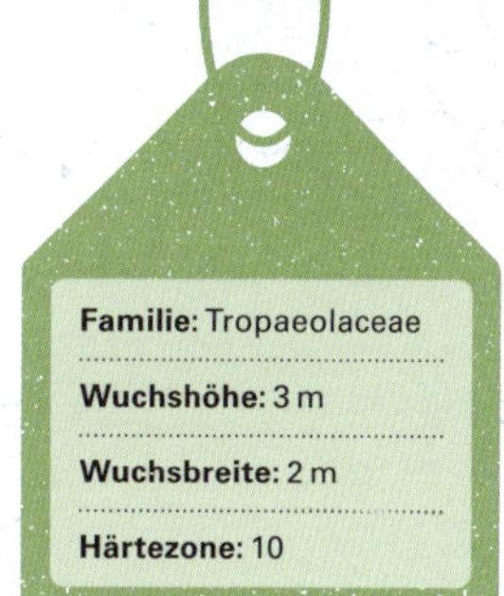

Familie: Tropaeolaceae

Wuchshöhe: 3 m

Wuchsbreite: 2 m

Härtezone: 10

Weil Kapuzinerkresse so zuverlässig keimt, wird sie häufig gewählt, wenn Kinder im Garten etwas aussäen dürfen. Sie ist ideal als farbenfrohe und nützliche Ergänzung. Die hängenden Sorten kriechen über den Boden, klettern an praktisch allem hoch oder prangen aus höheren Pflanzgefäßen. Es gibt aber auch kompakte, buschige Kultursorten. Ihre Blütenfarbe variiert von tiefem Purpur über die traditionelleren Rot- und Orangetöne bis hin zu cremefarben. Alle Kultursorten können auf dieselbe Weise verwendet werden wie die ursprünglichen Arten.

VERWENDUNG

Die Blätter können Sie frisch essen oder wie Spinat unter Rühren zusammenfallen lassen, z. B. in einem Risotto. Blüten und Blätter haben eine ausgesprochen pfeffrige Note. Man gibt sie an Salat oder legt sie in Essig ein. Unreife Samen lassen sich ebenso gut einlegen (sie werden auch als „falsche Kapern" bezeichnet). Reife Samen können Sie mahlen und als pfefferartiges Gewürz verwenden.

KULTIVIERUNG

Je feuchter der Boden, desto lebhafter wächst die Pflanze. Der verstärkte Blattwuchs kann allerdings auf Kosten der Blüten gehen. Kapuzinerkresse wächst praktisch überall, bevorzugt jedoch in voller Sonne. Erntet man Blüten und Samen nicht, so samen sie sich im Garten großzügig selbst aus. Entfernen Sie abgestorbene Pflanzen zum Ende der Wachstumsperiode.

ERNTE

Pflücken Sie Blätter und Blüten nach Bedarf. Ernten Sie Samen vor oder nach der Samenreife im Sommer.

SCHUTZPFLANZE FÜR GEMÜSE

Einige Kapuzinerkresse-Pflanzen im Gemüsebeet ziehen etwaige Blattläuse an und halten sie von den Gemüsepflanzen fern.

Kräuterkränze

Immergrüne Kräuter halten sich lange nach dem Schnitt und lassen sich zu Weihnachten, Ostern oder jeder anderen Jahreszeit zu hübschen individuellen Kränzen binden. Die meisten anderen Kränze halten oft länger als zwei Wochen, wenn Sie vertrocknete Teile durch frische ersetzen.

GEEIGNETE KRÄUTER

Rosmarin, Thymian, Lavendel und Lorbeer sind – sowohl sortenrein als auch gemischt – ausgezeichnete Pflanzen zum Kranzbinden. Blühender Lavendel ist zauberhaft für einen Sommerkranz und Rosmarin perfekt für einen duftenden Winterkranz.

Für mehr Abwechslung und Farbakzente können Sie weitere Kräuter und Pflanzenteile kombinieren, wie z. B. Chilischoten, Salbei und Oregano. Je holziger eine Pflanze ist und je dicker ihr Laub, desto länger ist sie nach dem Schnitt haltbar. Dies gilt auch für die unterschiedlichen Teile der Pflanze: Ältere, dickere, dunklere Lorbeerblätter sehen länger gut aus als dünne, saftige Triebe.

DEN UNTERKRANZ ANFERTIGEN

Der Unterkranz kann aus (wiederverwendbarem) Draht oder kompostierbaren Haselnuss- (*Corylus*), Weiden- (*Salix*) oder Hartriegel- (*Cornus*) Zweigen gebogen werden. Steck- oder Torfmoos aus der Floristik sind nicht unbedingt erforderlich, denn die Kräuter sollten sich auch ohne Wasser halten.

Kreisrunde Kränze sind am einfachsten herzustellen, aber auch Tränen, Herzen, Ovale oder geometrische Formen wie Sterne lassen sich relativ einfach gestalten. Sterne sind übrigens ideal für eine Rosmarin-Deko.

DEN KRANZ BINDEN

Schneiden Sie die Kräuter – und zwar nur die obersten Zweige der Pflanze (dafür können Sie auch gut den Pflanzenschnitt verwerten) – je nach Größe und Form des Kranzes in 10 bis 15 Zentimeter lange Abschnitte.

Binden Sie drei oder vier Zweige zu einem Bündel zusammen. Wickeln Sie dafür den Draht zunächst unten fest um das Sträußchen und binden Sie dieses auf dem Unterkranz fest. Überstehenden Draht abschneiden und das Drahtende in den Kranz schieben. Das nächste Sträußchen muss dort, wo es das erste etwa auf seiner halben Länge überlappt, festgebunden werden. Auf diese Weise fortfahren, bis der Unterkranz vollständig umwickelt ist. Halten Sie den Kranz während der Arbeit immer wieder hoch, um heraushängende Teile direkt einbinden zu können. Und um dem Kranz ein professionelles Aussehen zu verleihen, schieben Sie die letzten Sträußchen unter das erste.

An dem fertigen Kranz die beste Stelle zum Aufhängen suchen, dafür den Kranz rundum begutachten, indem Sie ihn um 360° drehen. Formen Sie an dieser Stelle aus Draht oder Gartenschnur einen Aufhänger, den Sie durch die Pflanzen hindurch am Unterkranz befestigen, und hängen Sie den Kranz auf.

1. Kleine Bündel (hier aus Rosmarin) mit Draht umwickeln und Stück für Stück auf dem Unterkranz (hier aus Draht) festbinden.
2. Achten Sie darauf, die Sträußchen rundum in gleichen Abständen anzuordnen.
3. Eingebundene Früchte wie Chilischoten bringen Farbe ins Spiel.
4. In Form eines Kranzes sorgen Lorbeerblätter in der Küche für einen dekorativen Auftritt. Und ganz nebenbei trocknen sie für den Vorrat.

Brennnessel

Urtica dioica, auch bekannt als Große Brennnessel oder Nesselkraut

Die Brennnessel kann (obwohl sie meist nur als Unkraut angesehen wird) für Garten und Gärtner gleichermaßen ein Segen sein – vorausgesetzt, man trägt stets Handschuhe, wenn man sich ihr nähert. Die Pflanzen sind als Nahrungsquelle für die Larven verschiedenster Schmetterlinge von unschätzbarem Wert. Einst wurde aus ihren faserigen Stängeln sogar Kleidung hergestellt.

⚠ Kann bei Hautkontakt stark reizen!

Familie: Urticaceae

Wuchshöhe: 1,5 m

Wuchsbreite: 1 m

Härtezone: 2

VERWENDUNG

Junge Blätter können Sie kochen (Essen Sie sie aber niemals roh!) und in den verschiedensten Gerichten anstelle von Spinat verwenden. Traditionell umwickelte man den halbfesten Yarg-Schnittkäse aus Cornwall mit Brennnesselblättern und aus Brennnesseln lässt sich sogar Bier brauen. Die jungen Blätter können Sie trocknen und als Tee aufbrühen. Gehackte Brennnesseln geben einen ausgezeichneten, direkt verwendbaren Mulch ab oder können dem Kompost zugegeben werden.

KULTIVIERUNG

Die Brennnessel toleriert die meisten Böden und Standorte. Ihr verzweigtes Wurzelrhizom kann jedoch schnell invasiv werden, wenn man es nicht durch regelmäßiges Ausgraben unter Kontrolle hält. Die Blütestiele schneidet man, um frische Blätter zu ernten (es sei denn, sie sind voller Raupen). Abgestorbene Stängel werden im Winter zurückgeschnitten.

ERNTE

Pflücken Sie die frischen, jungen Blätter nach Bedarf. Ältere Blätter haben eine grobe Textur und sollten nicht verwendet werden.

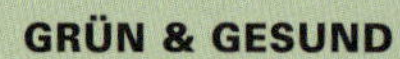

GRÜN & GESUND

Die Brennnessel wird wegen ihres hohen Chlorophyllgehalts kultiviert, um daraus Lebensmittelfarbstoff herzustellen.

Duftveilchen

Viola odorata, auch bekannt als Märzveilchen oder Wohlriechendes Veilchen

Duftveilchen waren im viktorianischen England sehr beliebt, ob als Blütensträußchen getragen oder als Parfüm. Ihr Anbau als Nutzpflanze begann bereits im 4. Jahrhundert v. Chr. im Alten Griechenland. Die meisten Arten haben dunkelviolette Blüten. Wenn Sie weiße Blüten lieber mögen, pflanzen am besten Sie *V. odorata* 'Alba'.

VERWENDUNG

Junge Blätter können im Salat oder als Tee zubereitet werden. Mit den Blüten lässt sich Zuckersirup aromatisieren, Tee aufbrühen, oder man kandiert sie für die essbare Tortendeko. Duftveilchen sind auch in der Vase sehr hübsch. Duftveilchen-Öl wird zur Parfümherstellung genutzt und von der Nahrungsmittelindustrie zum Aromatisieren von Süßspeisen eingesetzt. „Parma Violets“, eine traditionelle britische Süßigkeit mit Veilchengeschmack, basieren auf dem Aroma des Duftveilchens.

KULTIVIERUNG

Duftveilchen lieben lichten Schatten und feuchten bis durchlässigen Boden. Sie breiten sich leicht zu Kolonien aus. Regelmäßig verwelkte Blüten entfernen, um eine Nachblüte zu erzielen.

ERNTE

Pflücken Sie Blüten und junge Blätter im Frühjahr nach Bedarf.

FRÜHES FESTMAHL FÜR INSEKTEN

Hummeln und Schmetterlinge besuchen diese Pflanze mit ihren nektarhaltigen Blüten sehr gerne. Da sie bereits früh blüht, ist sie eine wichtige Nahrungsquelle für früh im Jahr fliegende Schmetterlinge wie zum Beispiel den Kleinen Fuchs, das Tagpfauenauge oder den Distelfalter.

Ingwer

Zingiber officinale

Ingwer eignet sich kühl-gemäßigten Klimazonen gut für die Topfkultur als attraktive Zimmerpflanze. In heißeren Gegenden ist er bestens für die Rabatten im Garten geeignet. Die Wurzel dieses weit verbreiteten Gewürzes wartet frisch, getrocknet, zu Pulver gemahlen oder in Sirup kandiert mit sehr unterschiedlichen Aromen auf. Doch ganz gleich, in welcher Form er genossen wird: Ingwer ist dafür bekannt, dass er Übelkeit lindert.

Familie: Zingiberaceae

Wuchshöhe: 1,5 m

Wuchsbreite: 1 m

Härtezone: 11

VERWENDUNG

Die frische Wurzel würzt Currys, Pfannengerührtes, Suppen sowie Fleisch- und Fischgerichte. Man kann sie auch als Presssaft oder in Scheiben geschnitten zu einem Tee aufbrühen bzw. in einem Gesundheitstrunk oder Erfrischungsgetränk genießen. Kandierten Ingwer gibt es als gezuckerte, trockene Stäbchen oder Würfel sowie als in Sirup kandierte Kugeln. Ingwerpulver verfeinert Backwaren und pikante Soßen. Mit den Blättern, die ihr Aroma an die jeweilige Füllung abgeben, können Sie Fisch vor dem Dämpfen oder Braten einwickeln.

KULTIVIERUNG

Pflanzen Sie frische Rhizome (Wurzeln) in durchlässigen, nährstoffreichen Boden in die volle Sonne oder Halbschatten. Ingwer benötigt ein äußerst feuchtes Klima. Abgestorbenes Laub nach Bedarf zurückschneiden.

ERNTE

Die Blätter nach Bedarf schneiden. Für Ingwer, der in Sirup kandiert werden soll, die Wurzeln 18 Monate nach der Pflanzung ausgraben, oder sobald sie eine brauchbare Größe haben. Einige Wurzeln für eine Neupflanzung zurückbehalten. Zum Konservieren einfrieren oder trocknen.

FRISCH ODER GETROCKNET

Erntet man frische Rhizome, so erhält man Ingwer, den man direkt verzehren oder in Zuckersirup konservieren kann. Für die allseits bekannte Ingwerwurzel werden die Rhizome durch Trocknen faserig und bilden eine papierartige Haut.

Hinweise zur Benennung der Kräuter

Kräuter sind für den Gärtner ganz wunderbare Pflanzen. Sobald sie aber in der Küche oder anderweitig genutzt werden, muss sichergestellt sein, dass jede Pflanze korrekt bestimmt wurde. Die einzelnen Kräuterporträts in diesem Buch enthalten Trivialnamen als Bestimmungshilfe, da diese weniger sperrig zu lesen und häufig auch sehr aufschlussreich (und zuweilen recht amüsant) sind, was die historische Verwendung eines Krauts anbelangt. Diese Trivialnamen können allerdings von Land zu Land und selbst von Region zu Region erheblich voneinander abweichen und es ist möglich, dass ein und derselbe Trivialname für ganz unterschiedliche Pflanzen verwendet wird. Die einzige Bezeichnung, die internationale Grenzen überschreitet und für jede einzelne Pflanze spezifisch ist, ist ihr lateinische Name, der ihr gemäß der botanischen Nomenklatur verliehen wurde.

Die botanischen Bezeichnungen in lateinischer Sprache, die seit Jahrhunderten auf die Flora angewendet werden, beruhen auf einem einfachen zweiteiligen System: Sie bezeichnen den Namen der Gattung und den Namen der Art. So steht z. B. bei *Lavandula angustifolia* (Echter Lavendel) *Lavandula* für die Gattung. Sie umfasst ein breites Spektrum von Lavendelpflanzen mit ähnlichen Eigenschaften wie etwa auch die *L. stoechas* (Schopflavendel). *Angustifolia* ist der Name der Art, der die Pflanze näher identifiziert. Weitere Teile des Namens können sich auf die Kultursorte (kultivierte Sorte) beziehen oder den Sortennamen beinhalten, wie 'Hidcote' beispielsweise. Er wird ans Ende gestellt – *L. angustifolia* 'Hidcote' – und benennt weitere Eigenschaften der Pflanze, etwa ihre Form oder Farbe. Solche Namen können auch Aufschluss darüber geben, wo die Pflanze gezüchtet wurde: 'Hidcote' ist z. B. eine Art des Echten Lavendels aus Hidcote Gardens.

Pflanzennamen unterliegen der ständigen Änderung, da Botaniker heutzutage die Pflanzen auf der Basis von DNA-Analysen neu klassifizieren. Diese Möglichkeit stand den frühen Experten der Pflanzennomenklatur nicht zur Verfügung. Sie mussten sich auf das Erscheinungsbild einer Pflanze verlassen, um deren Verwandtschaftsbeziehungen bestimmen zu können.

Problembekämpfung

Im Vergleich zu allen anderen Gartenpflanzen haben Sie bei Kräutern relativ wenig mit Schädlingen und Krankheitserregern zu tun, größere Probleme treten selten auf. Die häufigsten Missetäter sind im Folgenden aufgelistet. Prävention ist immer besser als Heilung, achten Sie also auf die Gesunderhaltung der Pflanzen. Es darf ihnen nicht an Wasser, Nährstoffen, Platz oder Licht mangeln! Eine Strategie, mit der sich das Auftreten signifikanter Schädlingsprobleme reduzieren lässt, besteht darin, vielfältige Kräuter und Pflanzenarten gemeinsam anzubauen. Wer ausdauernd blühende heimische Pflanzenarten (wie Borretsch, Ringelblume, Kornblume, Salbei und Minze) ins Beet, in die Rabatten oder Pflanzcontainer holt, sorgt dafür, dass Nützlinge angelockt werden und Futterquellen finden.

SCHÄDLINGE

Der schlimmste Kräuterschädling ist der Rosmarinkäfer mit seinen attraktiv gestreiften, irisierenden Flügeldecken. Erwachsene Käfer und ihre Larven fressen das Laub zahlreicher Kräuter wie Rosmarin, Lavendel, Salbei und Thymian, richten jedoch selten einen so großen Schaden an, dass eine Pflanze eingeht. Man kann sie leicht aus der Welt schaffen, indem man einen geöffneten Regenschirm oder ein Laken unter die Pflanze hält und die Käfer abschüttelt.

Blattläuse befallen gerne zarte, junge Triebe in Kolonien und besiedeln häufig Triebspitzen und Blattunterseiten, wo sie den Pflanzensaft saugen und klebrigen „Honigtau" ausscheiden (was wiederum zu einer Sekundärinfektion durch Rußtau führen kann). Wenn man die Läuse aber zerquetscht oder befallene Zweige abschneidet, sobald erste Anzeichen zu sehen sind, lässt sich eine rasche Ausbreitung verhindern.

Auch Schmierläuse saugen Pflanzensaft. Sie sind von wolligen, weißen Wachsausscheidungen umhüllt und sammeln sich in Blattachseln sowie an anderen schwer zugänglichen Stellen an, sodass man sie nicht so leicht ausmerzen kann. Sie lieben warme Bedingungen – wie das gemäßigte Klima eines Gewächshauses – und werden am besten einzeln von Hand oder mit einem in Seifenwasser getunkten Pinsel oder Wattestäbchen entfernt.

Schnecken findet man in jedem Garten. Die wirksamste Abwehr ist die Kontrolle am frühen Morgen oder Abend, um die Pflanzen von Hand abzusuchen. Das Mulchen unter gefährdeten Pflanzen bis zum Stamm oder den Stängeln sowie die Verwendung von scharfem Splitt oder Gärtnersand kann hilfreich sein, um lästige Weichtiere fernzuhalten – und ist besonders nützlich bei Containerpflanzen, da es zusätzlich feucht hält.

KRANKHEITEN

Pflanzenkrankheiten können bedingt sein durch Pilze sowie Bakterien oder viralen Ursprungs sein, wobei Pilzkrankheiten am häufigsten auftreten. Graufäule oder Grauschimmel (*Botrytis*-Arten) kann jede Pflanze befallen, die in feuchten, beengten Bedingungen wächst, aber in erster Linie Sämlinge. Entfernen Sie befallene Teile (oder die ganze Pflanze) sofort beim Entdecken des wolligen, grauen Pilzes. Schneiden Sie sie dafür, falls nötig, bis in das gesunde Gewebe hinein zurück. Sorgen Sie stets für gute Luftzirkulation innerhalb und um die Pflanzen herum.

Auch Mehltau ist eine Pilzkrankheit. Der Echte Mehltau bildet auf der Oberseite des Blatts einen weißen, puderartigen Pilzrasen, der sich auch durch Vertrocknen oder Deformation der Blätter äußert. Falscher Mehltau ist nicht so einfach zu erkennen: Die Blätter haben Flecken und Verfärbungen auf der Blattoberseite mit entsprechendem Pilzrasen auf der Blattunterseite. Beide Pilzarten entstehen, wenn im Blattumfeld feuchte Bedingungen herrschen. Der Echte Mehltau kann die Pflanzen jedoch auch bei trockenem Wetter infizieren und tritt in der Regel dann auf, wenn die Pflanze durch unterlassenes Gießen wiederholt gestresst wird. Entfernen Sie befallenes Laub sofort und sorgen Sie dafür, dass die Pflanze ausreichend gegossen und gemulcht wird.

Minzerost (ebenfalls eine Pilzkrankheit) kann Minze, Majoran, Oregano und Bohnenkraut infizieren. Er äußert sich in Form orangefarbener (zuweilen gelber und schwarzer) Pusteln auf den Blättern, die sich braun verfärben und verdorren. Er befällt auch junges Laub. Entsorgen Sie die komplette Pflanze. Ähnlich ist das Schadbild des Lauchrosts bei Schnittlauch.

WENN PFLANZEN SICH NICHT WOHLFÜHLEN

Es gibt auch Probleme, die eine Pflanze zum Welken, Verkrüppeln oder Verfärben veranlassen, jedoch nicht auf Schädlinge oder Krankheitserreger zurückzuführen sind. Unzureichendes Gießen lässt Pflanzen vertrocknen, übermäßiges hingegen führt zu Wurzelfäule. In der Regel sollte der Boden oder die Anzuchterde feucht, aber nicht nass sein. Kontrollieren Sie die Erde immer, bevor Sie gießen, denn eine trockene Oberflächenkruste kann darunter befindliche durchnässte Erde verbergen. Umgekehrt durchnässt ein kurzer Regenschauer zwar die Oberfläche, dringt aber nicht bis zur trockenen Erde an den Wurzeln vor.

Sich gelb verfärbende Blätter können – besonders bei Containerpflanzen – ein Anzeichen für fehlende Nährstoffe wie Stickstoff- oder Magnesiummangel sein. Blüten- und Fruchtausfall kann mit Kaliummangel zusammenhängen. Versorgen Sie in Töpfen und Kübeln kultivierte Pflanzen regelmäßig mit einem ausgewogenen Dünger und mulchen Sie Ihre Gartenbeete einmal pro Jahr, um ein gutes Bodennährstoffniveau zu erhalten. Eine schwache Wurzelentwicklung kann ein Indiz dafür sein, dass es dem Boden oder dem Pflanzmedium an Phosphor mangelt. Schwere Defizite behebt man am besten mit einer Gabe Flüssigdünger. Vermeiden Sie zu hohe Dosen von stark stickstoffhaltigem Dünger, da dieser die Pflanze zu üppig mit zu weichen Blättern wachsen lässt und für saugende Insekten wie Blatt- und Schmierläuse anfällig macht.

VORBEUGEN

Ein artenreiches Gartenökosystem voller gesunder Pflanzen zu kultivieren, hat viel mit der Abwehr von Schädlingen und Krankheitserregern zu tun. Gewähren Sie den natürlichen Fressfeinden von Schädlingen Unterschlupf: Igel, Frösche und Kröten, Vögel, Käfer, Marienkäfer- und Schwebfliegenlarven ernähren sich von Blattläusen und Schnecken. Es gilt, ein Gleichgewicht zu schaffen zwischen dem Schutz der Pflanzen vor größerem Schaden sowie dem Angebot von genügend Nahrungsquellen für die Fressfeinde – und der Möglichkeit, dass Wildtiere im Garten leben können. Sie können sich auch Hilfe in Form biologischer Schädlingsbekämpfung holen, indem Sie Nützlinge wie Raubwanzen im Garten aussetzen oder gezielt die geeigneten Nematoden (kleine Fadenwürmer) mit dem Gießwasser in den Boden einbringen.

Es reicht jedoch in der Regel aus, regelmäßig im Garten zu sein und ein wachsames Auge auf die Pflanzen zu haben, um Befall und Infektionen vorzubeugen, die sich ernsthaft ausbreiten könnten. Sollte sich dennoch etwas entwickeln, versuchen Sie am besten zunächst, die Schädlinge von Hand zu entfernen und befallene Pflanzenteile abzuschneiden. Chemische Pflanzenschutzmittel sollten Sie nur als allerletzte Option in Erwägung ziehen. Bedenken Sie dabei die potenzielle Bedrohung, die diese Mittel für Nützlinge darstellen!

Das Gartenjahr: Im Frühjahr

Wenn der Frühling kommt mit all seiner Pracht, ist es ein Vergnügen, hinaus an die frische Luft zu gehen und die letzten Spuren des Winters aus dem Garten zu beseitigen. Nun ist es an der Zeit, für neues Leben zu sorgen – Samen auszusäen und zu pflanzen – und sich auf die kommende Gartensaison vorzubereiten. Die Umgestaltung oder Neuanlage eines Kräutergartens erfolgt am besten jetzt oder im Herbst.

Am Anfang stehen nur die überwinterten Kräuter zum Beernten zur Verfügung. Zu den ersten Kräutern, die Sie im Garten schneiden können, gehören Schnittlauch, Engelwurz, Fenchel, Minze, Sauerampfer und Zitronenmelisse, doch im späten Frühjahr steht der ganze Kräutergarten zum Pflücken bereit.

PFLANZEN

- Säen Sie die Samen einjähriger Kräuter – im späten Frühjahr direkt ins Freiland oder geschützt ab dem zeitigen Frühjahr in Nachfolgesaaten (entsprechend der Packungsanweisung).
- Säen Sie die Samen von Staudengewächsen und Sträuchern in der auf der Packung empfohlenen Saison. Schauen Sie nach, ob im Herbst gesäte, draußen überwinterte Samen aufgegangen sind.
- Wenn die Sämlinge wachsen, sollte man sie jeweils bis auf das stärkste Pflänzchen verziehen (ausdünnen) sowie umtopfen und schließlich im späten Frühjahr oder Frühsommer auspflanzen.
- Staudengewächse teilen und die Teilstücke verpflanzen oder umtopfen.
- Neue Kräuter auspflanzen und bei trockenem Wetter gut wässern, bis sie angewachsen sind.

PFLEGEN

- Alte Stiele von Staudengewächsen bodentief abschneiden.
- Alte Triebe, Blätter und Winterschnitt entfernen. Auf diese Weise kommen selbst ausgesäte Pflanzen zum Vorschein – all die, die bleiben sollen, wie Fenchel oder Borretsch, eintopfen, verpflanzen oder an ihrem Platz belassen.
- Den Boden sorgfältig jäten, um alle Wurzeln von mehrjährigen Unkräutern auszumerzen, und verdichteten Boden mit der Grabegabel belüften.
- Bevor Sie eine Lage Mulch auf dem Boden verteilen, wässern Sie ihn sorgfältig, wenn er sehr trocken ist, und arbeiten, falls nötig, mit der Harke ein Langzeitdünger-Granulat ein. Achten Sie darauf, dass der Mulch nicht die Basis oder den Stammansatz der Pflanzen berührt.
- Bei trockenem Wetter bedarfsgerecht wässern.
- Auch in den Töpfen Unkraut zupfen und mulchen. Pflanzen in zu stark durchwurzelten Töpfen nach Bedarf umtopfen.
- Ab dem zeitigen Frühjahr Topfpflanzen mit Flüssigdünger versorgen.
- Glasglocken und anderen Winterschutz abnehmen – anfangs nur am Tag –, sobald keine Frostgefahr mehr besteht. Containerpflanzen, die drinnen überwintert haben, nach draußen stellen, sobald es warm genug ist.

SCHNEIDEN

- Holzige Sträucher wie Holunder und Rosmarin im zeitigen Frühjahr zurückschneiden, um ihre Größe unter Kontrolle zu halten.
- Sträucher und Halbsträucher wie Lorbeer, Salbei, Thymian und Ysop ab Mitte Frühjahr in Form trimmen, sobald kein strenger Frost mehr zu erwarten ist.
- Junge Blattranken von Kletterpflanzen befestigen und alte Fixierungen ersetzen.

Im Sommer

Jetzt zeigen die Kräuter, was in ihnen steckt. Der frischeste und saftigste Laubaustrieb erscheint Anfang bis Mitte des Sommers, doch auch in der Wachstumsperiode, wenn sie blühen und Samen produzieren, können Sie die Pflanzen beernten.

Alle Kräuter können in irgendeiner Form über den Sommer beerntet werden. Pflücken Sie Blätter nach Bedarf und schneiden Sie knospige Zweige zum Trocknen, die als Vorrat dienen können, wenn kein frisches Laub zur Verfügung steht. Schneiden Sie Blüten für den Verzehr oder als Dekoration und ernten Sie die Samen für die Küche oder als Saatgut fürs nächste Jahr.

PFLANZEN

- Setzen Sie im Frühjahr gesäte Kräuter, die bis zum Frühsommer noch nicht ausgepflanzt worden sind, nun ins Freiland oder in große Kübel.
- Säen Sie im Frühsommer und nochmals im späten Sommer zum Überwintern ständig Einjährige direkt ins Freiland nach. Halten Sie sich dabei an die Anweisungen auf den Saatguttüten.
- Schneiden Sie Stecklinge von Mehrjährigen und Sträuchern.

PFLEGEN

- Bringen Sie dauerblühende Pflanzen (wie Ringelblumen) durch regelmäßiges Entfernen der welken Blüten zur Nachblüte.
- Schneiden Sie Staudengewächse zurück, sobald die Blüte beendet ist, damit sie vor dem Herbst erneut frisches Laub ansetzen. Entweder bodentief zurückschneiden (optimal für Schnittlauch) oder bis zum unteren Drittel (bei Minze und Zitronenmelisse).
- Nach Bedarf weiterhin gießen, insbesondere die Topfpflanzen, und diese alle 8 bis 14 Tage mit Flüssigdünger versorgen.
- Falls nötig, Unkraut entfernen, vorzugsweise bevor es blüht und Samen ansetzt.

SCHNEIDEN

- Sträucher wie Lavendel und Thymian nach der Blüte schneiden, damit sie nicht wuchern. Dabei den Blütenstiel bis zu einem Blattansatz zurückschneiden.
- Hecken Mitte des Sommer trimmen, damit sie ihre Form behalten.
- Über den Gefäßrand hinauswachsende oder über den Boden wachsende Ausläufer der Minze abschneiden, um ihr Ausbreiten zu verhindern.

Im Herbst

Die Wachstumsperiode neigt sich nun dem Ende zu und es wird Zeit, letzte Ernten zu konservieren sowie in puncto Erfolge und Rückschläge im Kräutergarten Bilanz zu ziehen. Dies ist eine wertvolle Übung: Notieren Sie, was geändert werden soll, welche Pflanzen umgesetzt oder welche Tätigkeiten im nächsten Jahr anders gemacht werden sollen. Haben Sie eine Umgestaltung oder ein neues Beet bereits im Sommer geplant, ist es nun an der Zeit, den Boden vorzubereiten und zu bepflanzen.

Viele Kräuter produzieren Samen, die jetzt geerntet werden können, und tragen in einigen Fällen bis in den Herbst hinein Früchte. Selbst Einjährige wie Basilikum können noch einige Zeit überdauern, falls die ersten Fröste nicht zu früh kommen. Da die Tage kälter und dunkler werden, werden Basilikumblätter jedoch härter und zäher. Pflücken Sie also zarte Blätter im Frühherbst und verwenden oder konservieren Sie sie. Immergrüne Kräuter halten sich und tolerieren das Pflücken bis in den Winter hinein.

PFLANZEN

- Graben Sie ein Teilstück von einem Kraut wie Minze oder Schnittlauch – mit reichlich Wurzelballen – aus und pflanzen Sie es in einen Topf. Holen Sie den Topf nach drinnen, und den ganzen Winter sind Sie mit frischen Blättern versorgt.
- Säen Sie Samen von Kaltkeimern oder von Kräutern, die bereits jetzt beginnen sollen zu wachsen, um frühe und große Pflanzen zu erhalten, die im Frühjahr umgetopft werden. Beachten Sie die Informationen auf den Samentütchen.
- Vermehren Sie Kräuter durch Stecklinge, sofern dies noch möglich ist.
- Teilen Sie Staudengewächse im Frühherbst. Setzen Sie die Teilstücke neu ein, um den Bestand zu vergrößern oder pflanzen Sie sie zum Verschenken in einen Topf.

PFLEGEN

- Sorgen Sie dafür, dass Neupflanzungen gut gewässert werden, bis sie angewachsen sind, ganz besonders wenn es trocken ist.
- Sorgfältig Unkraut jäten.
- Bringen Sie nun eine Lage Mulch aus, falls noch nicht im Frühjahr geschehen. Wo der Boden verbessert werden muss, können Sie allerdings auch im Herbst und im Frühjahr mulchen.
- Staudengewächse zurückschneiden, wenn Abgestorbenes modrig wird (z. B. bei Engelwurz und Liebstöckel), wenn die Stiele andere Pflanzen beschädigen können, falls sie umfallen (z. B. bei Fenchel), oder wenn eine Selbstaussaat nicht erwünscht ist. Andere Stiele können Sie stehen lassen, denn Frucht- und Samenstände können für Wildtiere attraktiv sein und Vögeln, Insekten und Würmern Nahrung und Schutz bieten.
- Behalten Sie den Garten im Auge und schneiden Sie alle Stiele ab, die auf andere Pflanzen fallen können.
- Räumen Sie Containerpflanzen, die Winterschutz benötigen, nach drinnen, wenn Frost angesagt ist, und stülpen Sie Glasglocken oder Ähnliches über die Pflanzen im Freiland.

SCHNEIDEN

- Freihängende, lange Blattranken von Kletterpflanzen festbinden, bevor Winterstürme sie losreißen und abbrechen können.

Im Winter

Der Winter ist zwar die Zeit der Ruhe und inneren Einkehr, doch für den Kräutergärtner kann er sehr produktiv sein. Sich Gedanken und Skizzen zu möglichen Neuplanzungen zu machen und in Gartenbüchern und -katalogen zu stöbern (wobei Sie bei der Bestellung stets die Größe Ihres Gartens berücksichtigen sollten!), sind lohnende Beschäftigungen. Wenn Sie trotzdem draußen die Pflanzen im Auge behalten, kann nichts schiefgehen.

Bis auf die überwinterten und im Haus gehaltenen Kräuter bleibt die Kräuterernte im Winter auf immergrüne Sträucher wie Rosmarin und Thymian sowie winterharte Pflanzen wie Petersilie beschränkt. Pflücken Sie zurückhaltend.

PFLANZEN

- Säen Sie Chilisamen im Spätwinter aus (nach Anweisung auf den Saatguttüten).
- Einjährige Blattgemüse für die Ernte von Microleaves (siehe „Microleaves“, Seite 16) können Sie nun ebenfalls säen. Dafür sind jedoch genügend Licht und eine gewisse Grundwärme (etwa durch ein beheiztes Zimmergewächshaus) erforderlich.

PFLEGEN

- Ziehen Sie Petersilie für bessere Winterernten unter dem Schutz einer Glasglocke oder Ähnlichem.
- Sorgen Sie dafür, dass die Erde in den Töpfen nicht vollkommen austrocknet.
- Prüfen Sie, ob der Winterschutz noch intakt ist, vor allem bei windigem Wetter.
- Stiele von Staudengewächsen und alles, was auf die darunter wachsenden Pflanzen gefallen ist, abschneiden.
- Schnee von den Pflanzenspitzen abfegen oder abschütteln, damit sie nicht brechen, sowie von Glasglocken und Vlies-Abdeckungen, damit das Licht hindurchscheinen kann.
- Töpfe und Werkzeug für die kommende Wachstumsperiode säubern und vorbereiten.

Register

Die englischsprachige Originalausgabe erschien 2019 unter dem Titel *The Kew Gardener's Guide to Growing Herbs* bei White Lion Publishing, einem Imprint der Quarto Publishing Group.

Konzept, Gestaltung und Produktion:
White Lion Publishing, an imprint of the Quarto Group
The Old Brewery, 6 Blundell Street
London, N7 9BH,
United Kingdom
www.QuartoKnows.com

Aus dem Englischen übersetzt von Waltraud Kuhlmann, D-Bad Münstereifel
Lektorat der deutschsprachigen Ausgabe: Ute Orth, D-Freiburg
Satz der deutschsprachigen Ausgabe: Die Werkstatt Medien-Produktion GmbH, D-Göttingen

Printed in China

Um lange Transportwege zu vermeiden, hätten wir dieses Buch gerne in Europa gedruckt. Bei Lizenzausgaben wie diesem Buch entscheidet jedoch der Originalverlag über den Druckort. Der Haupt Verlag kompensiert mit einem freiwilligen Beitrag zum Klimaschutz die durch den Transport verursachten CO_2-Emissionen und verwendet Papier aus nachhaltigen Quellen.

Bibliografische Information der Deutschen Nationalbibliothek
Die Deutsche Nationalbibliothek verzeichnet diese Publikation in der Deutschen Nationalbibliografie; detaillierte bibliografische Daten sind im Internet über http://dnb.dnb.de abrufbar.

ISBN 978-3-258-08137-3

Der Haupt Verlag wird vom Bundesamt für Kultur mit einem Strukturbeitrag für die Jahre 2016–2020 unterstützt.

Wünschen Sie regelmäßig Informationen über unsere neuen Titel zum Thema Natur? Möchten Sie uns zu einem Buch ein Feedback geben? Haben Sie Anregungen für unser Programm? Dann besuchen Sie uns im Internet auf **www.haupt.ch.** Dort finden Sie unser Online-Magazin, aktuelle Informationen zu unseren Neuerscheinungen und können unseren Newsletter abonnieren.

BILDNACHWEISE

o = oben, u = unten, M = Mitte, l = links, r = rechts
© Alamy: 24l Gary K Smith, 121u John Glover
© GAP Photos: 13l Friedrich Strauss, 15r Elke Borkowski, 85 Hanneke Reijbroek
© Jason Ingram: 2, 6–7, 29, 41, 55ol+r, 55M, 55ul+r, 61, 69, 74l, 77, 84, 94l, 95l, 105, 111, 121ol+r, 131
© Shutterstock: 9 Jayne Newsome, 10 CTatiana, 11l Piccia Neri, 11r Lauren Maki, 12 Franz Peter Rudolf, 13r sanddebeautheil, 14 Maren Winter, 15l Alexander Raths, 16 Kayla Waldorff, 17l Peter Turner Photography, 17r Kayla Waldorff, 18 Del Boy, 19l Peter Turner Photography, 19r rustamank, 20 Diana Taliun, 21l Hannamariah, 21r ioks, 22–23 Drozdowski, 26l JurateBuiviene, 31l Ivan Marjanovic, 33l Nine Johnson, 34u blacograf, 36l guentermanaus, 39l greenair, 43l F.Neidl, 49u YukoF, 51l tim_zml, 52l areeya_ann, 55Mr Svetlana Lukienko, 57l FMB, 59l barmalini, 64 sarocha wangdee, 67l Piti Tan, 67r jopelka, 70l mirzamlk, 71l Bildagentur Zoonar GmbH, 73l BelkaG, 78l beta7, 81l kridsada tipchot, 86l Vahan Abrahamyan, 89l Katinkah, 91l Olexandr Panchenko, 93l Madeleine Steinbach, 96l Katarzyna Golembowska, 99l wasanajai, 99r Puttida Channum, 101l Mahathir Mohd Yasin, 102l Marshmallowz, 106l alexmak7, 108l Yolanta, 114l Ed Samuel, 115l ChWeiss, 116l HandmadePictures, 119l angelakatharina, 123l Juraj Kovac, 125l Branimir Dobes, 126 Katarzyna Mazurowska, 127o JurateBuiviene, 128l Madeleine Steinbach, 132l Dazajny, 134l wavebreakmedia, 135 JSOBHATIS16899, 136 svetkor, 138 paula french, 140 gorillaimages, 141 Eris and Edrington Co

Die Herausgeber danken Martyn Rix und dem Kew-Library-Art-and-Archives-Team sowie Tony Hall, Melanie-Jayne Howes und Richard Wilford.